三国志の

いまさら聞けない大疑問

おもしろ中国史学会［編］

青春出版社

一冊で「三国志」通になれる即効レッスン！

源氏《げんじ》と平氏《へいし》、信長《のぶなが》・秀吉《ひでよし》・家康《いえやす》を軸とした戦国時代、あるいは幕末ものと、歴史好きを夢中にさせるテーマは、いくつもあるが、中国を舞台にした「三国志」は、それらをひっくるめたもの以上に人気がある物語だ。

コミック、ゲーム、映像と、そこから生まれたコンテンツは数多い。もちろん、小説もロングセラーを続けている。「三国志」というタイトルは、日本人の誰もが知っている。しかし、知名度の割には、どんな物語なのかを詳しく知っている人は、以外と少ない。何しろ、「三国志」は大長編である。登場人物も多いし、百年近い歳月の物語でもある。要約するのも、難しい。ものすごく詳しいマニアは多くいるが、ほどほどに知っている人は、逆に少ないようだ。

本書は、「三国志」が気になっているのだが、実は「三国志」の「三国」が何かもよく知らない、という方々のために書かれたものである。本書を読めば、「三国志」とは何かが、最低限わかっていただけると思う。もちろん、一通りの知識のある方が、それを思い出していただくのに便利なようにも構成したつもりだ。

史上、もっとも多くの人に読まれている物語である「三国志」は、まさに人類の遺産といってもいい。これを知らずに生涯を終えるのは、実は、かなりもったいないのである。本書をきっかけに、ひとりでも多くの「三国志」ファンが生まれてほしい。

いまさら聞けない三国志の大疑問　目次

目 次

第二章　知ってて知らない登場人物15人の大疑問　

目次

第三章　運命を決めた10大決戦の大疑問　125

第六章　「三国志」の故事・格言10の大疑問　207

カバーイラスト…茂利勝彦
DTP…ハッシィ
協力…アルファベータ

プロローグ

ゼロからはじめる「三国志」６つの大疑問

そもそも、「三国志《さんごくし》」ってどういう意味？

「三国志」とは、三つの国の興亡を記した歴史書のこと。「志」という字には「こころざし」の意味も、もちろんあるが、「書き記す」という意味もある。雑誌とか会報誌などの「誌」と同じだ。三国のことを書き記した本、それが「三国志」である。

「三国」って、いつの時代のどこの国？

では、その三国とは、いつの時代のどの国のことなのか。

三世紀後半、中国は統一王朝だった後漢《ごかん》が滅びつつあった。そして、その次の統一王朝をめぐり、三つの国が争った。結果的には、晋《しん》が統一するのだが、それまでの乱世を「三国時代」と呼ぶ。西暦でいえば、220年頃から280年までの約半世紀。その三

■三国志の時代の中国

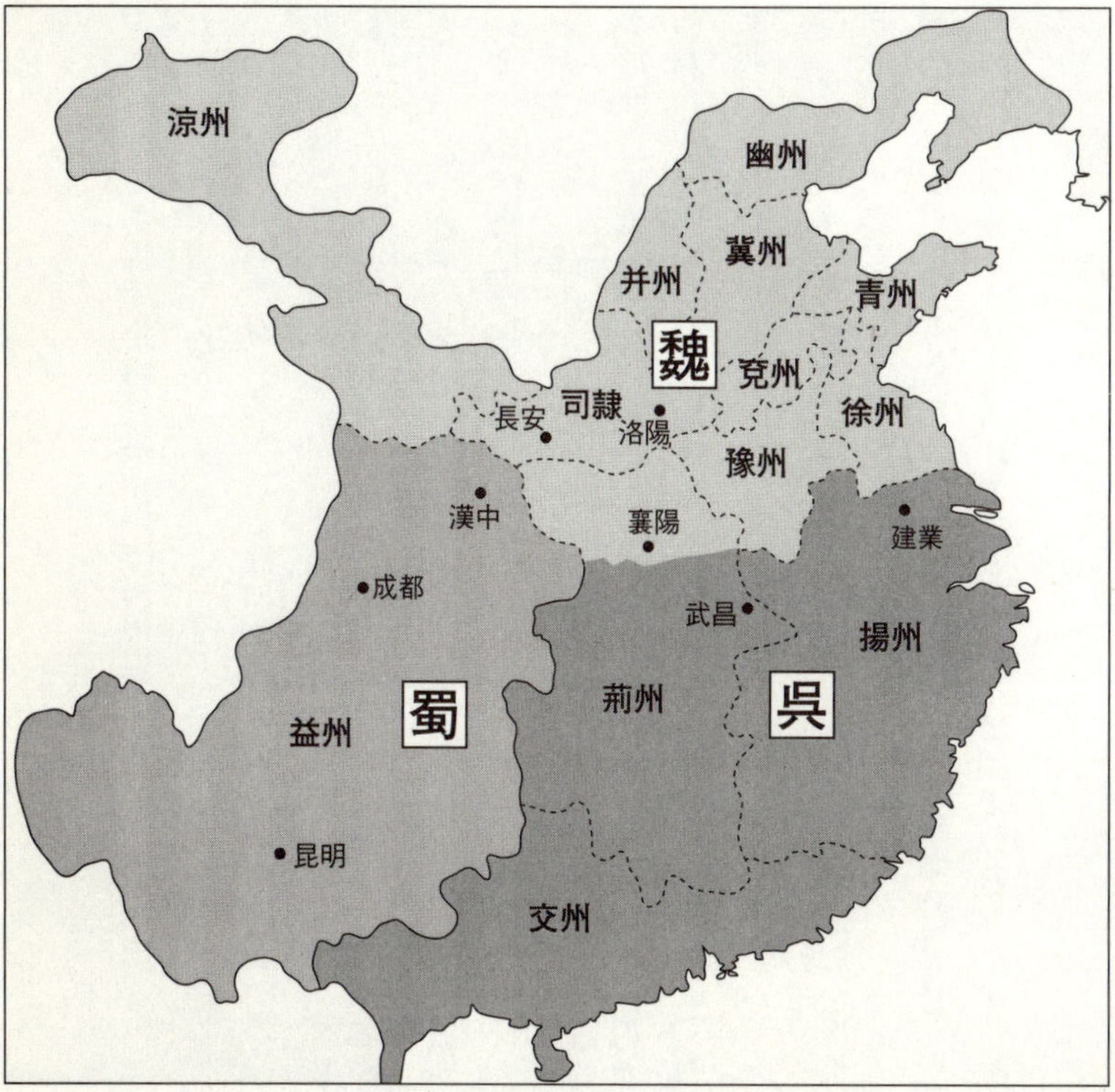

国とは、魏《ぎ》、蜀《しょく》、呉《ご》である。この三つが、「三国志」での三国だ。

ここで、日本の古代史好きなら、あれっと思うであろう。邪馬台国《やまたいこく》について記した、唯一の文献、「魏志倭人伝《ぎしわじんでん》」の「魏志」とは、まさにこの「三国志」のひとつ、「魏志」なのだ。そこに当時の日本のことが、卑弥呼《ひみこ》という女王がいるとか、少しだけ記されている。この部分を「倭人伝」という。つまり、三国志の時代とは、日本では邪馬台国の時代にあたる。いまでこそ、経済的には中国をリードしている日本だが、この当時は、中国からみれば、比べ物にならない後進国だったわけだ。

当時の日本のことが「魏志」にもっと詳しく書かれていれば、邪馬台国はどこにあったかという論争にならなくてすんだのだが、残念ながら、当時の中国にとって、日本はどうでもいい存在だったらしく、記述もいいかげん。それが結果的に、日本史における最大の謎を生むことになってしまった。

考えてみれば、三世紀ごろという時代は、日本ではようやく「歴史」が始まるころだが、中国四千年の歴史では、もう半分が過ぎたころだ。

中国に最初の国、殷《いん》が建国されたのは、紀元前1600年頃とされている。もちろん、そのもっと前の紀元前3000年頃に黄河《こうが》文明が始まっているのだが、それはおいといても、現在までに３６００年近くの歴史がある。時間的にも、地理的にも、とてつもなく大きなスケールの中国史。そのなかで、もっとも「おもしろい」時代、それが三国志の時代なのだ。

たくさんあるけど、どの「三国志」が元祖なのか？

いまの日本には、「三国志」はたくさんある。年配のかたなら、吉川英治《よしかわえいじ》の『三国志』に夢中になっただろうし、その後、柴田錬三郎《しばたれんざぶろう》や陳舜臣《ちんしゅんしん》も「三国志」を書いている。最近では北方謙三《きたかたけんぞう》も書いた。さらに、雑誌連載中で単行本の刊行が始まったばかりなのが、宮城谷昌光《みやぎたにまさみつ》の「三国志」だ。

小説だけではない。コミックで「三国志」を知った人も多いだろう。もっとも有名なのが、横山光輝《よこやまみつてる》の『三国志』だが、ほかにも何種類かコミック版「三国志」がある。また、これまでの三国志では悪役だった、曹操《そうそう》をヒーローとして描く『蒼天航路《そうてんこうろ》』（原作・季學仁《イハギン》、漫画・王欣太《KING☆GONTA》）も人気作品だ。（これらの「三国志」作品については、221

頁からを参照）

さらには、ゲームで「三国志」に出会った人もいれば、NHKで放送されていた人形劇が最初の出会いという人もいるであろう。中国でもテレビシリーズになっていて、それがDVDになっている。このように、あらゆるエンターテイメントジャンルで、「三国志」の物語は、親しまれているわけだ。

その原作というか原典と呼べるものは、前の項に書いたように、単なる歴史書である。歴史書版「三国志」は、三国時代が終わり、晋《しん》の時代になったときに書かれた。二一世紀になったいま、二〇世紀の歴史を書くみたいなものだ。書いたのは、陳寿《ちんじゅ》という歴史家。この人は、三国時代の只中の233年に蜀《しょく》で生まれ、宮廷の公文書を扱う部署で仕事をしていた。蜀が滅びてしまうと失業するが、後に晋王朝に仕え、歴史書「三国志」を書いたのである。

晋は、魏《ぎ》の後継王朝。したがって、オリジナルの「三国志」は、歴史書とはいえ、三国のなかでは魏が正しい、という立場から書かれている。さらに、歴史書なので、その記述は、よくいえば「簡明《かんめい》」、悪くいえば「無味乾燥《むみかんそう》」で、お役所の文章みたいなもの。読んでもあまりおもしろいものではないし、背景の知識がないとよく分からない。そもそも、読者を楽しませるために書かれたものではなく、あくまで、魏が正しかったという歴史を記述するのが目的のもの。まあ、時代そのものがおもしろいので、この歴史書版「三国志」も、歴史書としてはおもしろいのだけれど、これだけでは「三国志」の人気はこんなにも高くならなかっただろう。

この歴史書をもとに、大胆に脚色した小説が中国で書かれ、それから人気が出たのだ。その小説版「三国志」は、正式には『三国志演義《さんごくしえんぎ》』というタイトルだ（『三国演義』ともいう）。作者は、一四世紀、明《みん》の時代の人、羅貫中《らかんちゅう》。実際の三国時代から、千年以上過ぎている。現代の日本の作家が平安時代を舞台にした歴史小説を書くようなものだ。

これは小説なので、フィクションがまざっている。もちろん、おおもとの物語は史実に基づいているが、専門の歴史家によると、三割ぐらいがフィクションらしい。

それらのフィクションも、羅貫中自身が創作したというよりも、それまでの千年の間に、庶民の間で広まっていた伝説などをベースにしている。中国にも講釈師《こうしゃくし》がいて、歴史物語をおもしろおかしく語っていたわけで、それらが羅貫中によって、集大成されたのである。当然、おもしろいエピソードばかりを採用したわけだから、『三国志演義』がつまらないわけがない。

さらに、『三国志演義』の最大の特徴は、歴史書版「三国志」では、滅びる側だった蜀の皇帝、劉備玄徳《りゅうびげんとく》やその軍師である諸葛孔明《しょかつこうめい》を主人公とし、魏の曹操《そうそう》を悪役としている点だ。いわば、悪が栄え、正義が滅びるドラマに、完全に書き換えてしまったのだ。これが、中国の庶民に受けた。

さらには、海を越え、時代を超えて、日本人にも受けた。

というわけで、一般的に「三国志」という場合、もともとの歴史書ではなく、小説版の「三国志演義」の物語のことをいう。コミックや映像作品の多くも、小説版を「原作」としている。

しかし、最近の例では、『蒼天航路』のように、曹操を主人公としたものもあるし、北方謙三版や宮城谷昌光版の『三国志』は、正史《せいし》「三国志」をベースにして書かれている。このように、新たな角度からの「三国志」が今も生まれている。けっこう、奥が深いのだ。

だが、どんな「三国志」であれ、基本的な物語、主要登場人物は同じ。それが作家によってどう描き方が違うかを味わうのも、「三国志」の楽しみのひとつだ。

以後、本書では、区別する必要のあるときは、オリジナルの歴史書「三国志」を「正史」、小説『三国志演義』を「演義」と呼ぶことにする。

何がそんなに夢中にさせるのか？

男女差別をするわけではないけれど、「三国志」をおもしろがっている人は、男性が多い。

だいたい歴史ものは、日本の戦国時代ものにしても何にしても、男性が好むものなのだが、なかでも、「三国志」は男性ファンが目立つ。それも、男であれば、世代、年齢を問わず、夢中になる。

その理由は、ひとことでいえば、これが「闘いのドラマ」だからだ。他の歴史物語であれば、悲恋があったり、女同士の争いがあったり、あるいは母と子のドラマとか、何らかのかたちで女性を惹きつける要素があるのだが、「三国志」は、全篇にわたって、戦争の話。

その戦争も、ただ刀やヤリで斬ったり突いたりする肉弾戦《にくだんせん》だけではない。たしかに、とてつもなく強い武将も何人も登場し、その武力の凄まじさが魅力となる場面もある。だが、この時代、すでに中国では、軍団を率いてどう戦うかという、集団戦の時代となっている。

つまり、戦略、戦術、戦闘の三段階があり、なかでも戦略が重要視されるようになっている。そこで、実際に刀を振り回すわけではない、軍師《ぐんし》という存在がクローズアップされる。

つまり、「三国志」は軍師による戦略の物語でもある。ただ武力で闘うだけのドラマではなく、知力を尽くして闘うドラマなのだ。

そこが、すでに刀で闘う時代でもなければ、個人ではなく組織で仕事をしている現代にも通じるので、おもしろいのだ。

そして、もうひとつの魅力は、「友情の物語」でもあることだ。

主人公である劉備《りゅうび》玄徳《げんとく》には、関羽《かんう》と張飛《ちょうひ》という、親友にして同志にして部下という二人の義兄弟《ぎきょうだい》がいる。「生まれたときは違うけれど、死ぬときは一緒」と宣言した三人の友情の物語が基調としてある。この男と男の友情こそが、人気の本当の秘密かもしれない。

「ビジネスで役に立つ」の噂は本当?

ひところ、出版業界では、ビジネス雑誌は日本の戦国時代と「三国志」を特集すれば売れる、といわれていた。

一般に、大企業であれ中小・零細企業であれ、社長さんたちは、歴史ものが好きだ。自分自身が一国一城の主《あるじ》だという意識があるし、ライバル企業とのシェア争いに奮闘していたり、あるいは創業者であれば後継者をどうするかに悩んでいたりする。そんなとき、歴史小説を読むと、自分と似た境遇の人物が出てくるので、共鳴するわけだ（共鳴するぐらいならいいけれど、歴史小説を読んですっかりその気になって、俺は信長《のぶなが》だ、などと言い出すと、社員はいい迷惑なのだが……）。

一方、社員にとっても、歴史ものは参考になる。社内の派閥抗争があったりすると、あの専務は家康《いえやす》的だから最後には社長になれるのではないか、あの常務はいずれ社長を裏切りそうだから光秀《みつひで》みたいだとか、歴史上の人物、出来事を参考にして、どの派閥に入ったらいいか考えることもあるだろう。

「三国志」も、そのように社内人事抗争を乗り切るための参考書として読めなくもないが、これはもう少しスケールが大きい。国と国との争いがテーマだから、企業間のシェア争い、新製品開発競争、あるいは、拡販の戦略などを立てる際に、参考になる要素がある。

雑誌などでも、「〇〇業界三国志」という見出しをよくみかける。業界勢力図を表現するのに、「三国志」は便利なのだ。

経営戦略としても、攻めるか引くかなどの駆け引き、軍団をどう組織するか、相手を欺く方法など、ありとあらゆる戦略と戦術が、「三国志」には詰まっている。

と、いう具合に「ビジネスにも役立つ」と読むこともできるが、これはこじつけに近い。

むしろ、商談に行った先の担当者がたまたま「三国志」の大ファンで、諸葛孔明《しょかつこうめい》のことで話がはずんで大きな契約がとれた、というようなかたちで「ビジネスに役立つ」可能性のほうが高いかもしれない。

一昔《ひとむかし》前までは、取引先との接待で話に詰まったら野球の話をすればいいといわれていたけれど、プロ野球も低迷しているようだし、これからは、「三国志」の話が、接待には欠かせないかもしれない。

実際、「三国志」は、小説、コミック、ゲームにＤＶＤと、合計すれば、とんでもない数が売れている大ベストセラーだ。取引先に「三国志」ファンがいる確率は、巨人ファンがいる確率よりも、高いだろう。

登場人物五百人、どこまで覚える必要がある？

「三国志」は時間的にも百年近くに及ぶ物語なので、最初のほうに登場した人物は、すべて途中で死んでしまう。冒頭から登場する主人公である劉備玄徳《りゅうびげんとく》も死ぬし、途中から登場する諸葛孔明《しょかつこうめい》も死んでしまう。

その他、多くの人物が登場しては死ぬ。戦死が多いが、病気でもけっこう死ぬし、暗殺される人もいる。

この時代に戦死した兵の数は、合計すれば何百万人にもなるだろうが、そうした無名の兵士ではなく、名前がちゃんと紹介され、台詞もある人物だけでも、五百人は登場するといわれている。

羅貫中《らかんちゅう》の『三国志演義《さんごくしえんぎ》』の日本語訳は、文庫本（ちくま文庫）で全七巻、吉川英治《よしかわえいじ》版は全八巻、横山光輝《よこやまみつてる》のコミックは最初の単行本が全六十巻で、それを二巻ずつまとめた文庫版が三十巻と、いずれにしても大長編。はたして、ファンは登場人物のすべてをちゃんと覚えているのだろうか。

すべてのファンが覚えているかどうかはともかく、可能か不可能かという点を考えると、五〇〇人を覚えるのは不可能ではない。

五〇〇人というと、ちょうど国会の衆議院の議員数とだいたい同じ。また、プロ野球十二球団の一軍と一軍半ぐらいを合計しても、これくらいになる。それぞれを担当している記者ならば、だいたい覚えているはずだ。

まして、国会議員やスポーツ選手は入れ替わりがあるが、「三国志」の世界は、もう固定されている。その気になれば、登場人物すべてを覚えることはできる。

というわけで、熱心なファンは誰がどんな人物なのか、しっかり覚えているのだ。

それに、本当に主要な人物は三十人程度。それさえしっかり頭に入れておけば、「三国志」を語ることはできる。学校の同じクラスの生徒の数くらいを覚えればいいわけだ。しかも、みな個性的な人物ばかりだから、覚えやすい。

唯一の問題は、みな中国人なので、名前が日本風ではない点だけど、同じ漢字なので、たとえばロシア人の名前よりは、まだ親しみやすいだろう。それでも、最初に読む場合は、名前や地名にルビのふっていないものは避けたほうがいい。

さて、これで、知識ゼロから、知識5くらいにはなったはず。これから、「三国志」の物語に入っていこう。

第一章

「三国志」の流れがひと目で分かる25の大疑問

まずは、百年近くにわたる三国時代の主なできごとを、時間軸にそってみていくことにしよう。いわば、「三国志」のあらすじだ。

中国も日本と同様、元号というものがある。だが、それで記すと、時間の感覚がよく分からないので、以下、西暦で年はあらわす。もちろん、この時代、西暦など誰も（ヨーロッパですら）使っていない。

登場人物については第二章で主要人物について詳しく紹介するので、ここではそれぞれのキャラクターには簡単にしかふれない。また、戦いや戦略についても、別の章を設ける。この章では、あくまで大まかな「流れ」を知ることを目的とする。複雑になるので、登場人物もかなり省略してあることをおことわりしておく。

三国時代の前史、後漢《ごかん》末期ってどんな時代？

「演義《えんぎ》」とそれをベースにした小説・コミックでは、主人公は劉備玄徳《りゅうびげんとく》である。だが、ほとんどの小説・コミックも、劉備玄徳が歴史の表舞台に登場するよりも前の話から始まる。大河《たいが》小説というものは、大河の源流から始まるものなのだ。

その源流にあたるのが、黄巾《こうきん》の乱という、中国全土で戦われた内乱。

その黄巾の乱を知るには、さらにその前に遡らなければならない。あまり遡り過ぎると、黄河《こうが》文明発祥まで戻ってしまうので、ここは三国時代の前の漢《かん》王朝をおさらいするだけにしておこう。

中国の最初の統一王朝である秦《しん》が短命に終わると、動乱の時代となる。それを平定した劉邦《りゅうほう》が打ち立てたのが、漢王朝。紀元前２０２年のことである。これが約二百年続くのだが、西暦８年に、漢王朝は王莽《おうもう》によって滅ぼされる。こうして、新《しん》という王朝がで

■古代中国の歴史

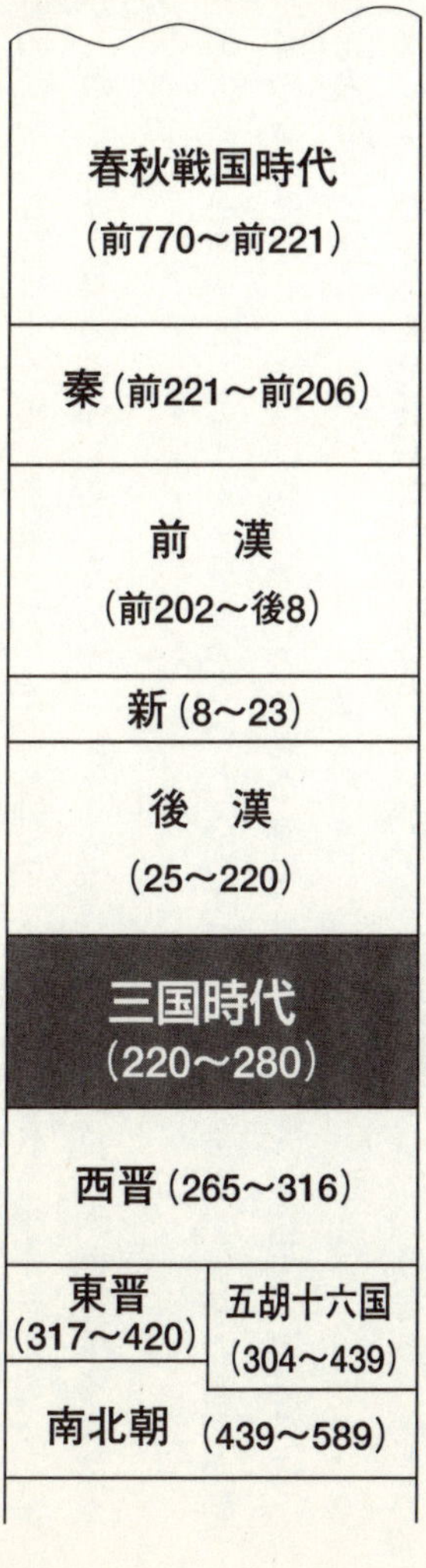

| 春秋戦国時代
（前770〜前221） |
| 秦（前221〜前206） |
| 前　漢
（前202〜後8） |
| 新（8〜23） |
| 後　漢
（25〜220） |
| **三国時代**
（220〜280） |
| 西晋（265〜316） |
| 東晋（317〜420） ／ 五胡十六国（304〜439） |
| 南北朝　（439〜589） |

きるのだが、これは十五年しか続かず、またも動乱。そして、これを平定したのが、劉邦から数えて九代目の子孫にあたる劉秀《りゅうしゅう》。25年、劉秀は皇帝に即位し、漢王朝を復活させる。

この復活した漢王朝のことを、最初のものと区別するために、後漢《ごかん》、最初の劉邦が始めたものを前漢《ぜんかん》と、いまでは呼んでいる。ちなみに、劉邦は「漢の高祖《こうそ》」、劉秀のことを「光武帝《こうぶてい》」と呼ぶ。

こうして、できた後漢王朝だが、皇帝がしっかり統治していたのは、最初の三代までだった。四代目がわずか十一歳で即位すると、実権は、皇帝の母の実家、つまり外戚《がいせき》が握るようになった。日本でいう藤原《ふじわら》氏みたいなものだ。以後は、幼い皇帝、なかには一歳にもならない皇帝まで登場するようになり、政治の実権は皇帝から外戚へと移った。

皇帝が単なる飾り物となると、外戚だけでなく、官僚たちもしたい放題となる。さらには、中国の宮廷には、宦官《かんがん》という存在があった。皇帝や皇后たちの身の回りの世話をする男たち、いわば側近なのだが、彼らは宦官になる段階で、生殖器を切り落とされている。後宮の女たちに手を出せないようにするためである。男としての楽しみがない宦官たちは、財を蓄えることや、権力を握ることに欲望を見出す。皇帝が生まれたときからそのそばにいて面倒を見ているので、皇帝がいちばん頼りにするのは、宦官でもあった。そこにつけこみ、自分の意のままに皇帝を動かす宦官が現れる。

こうして、外戚、官僚、宦官たちが、それぞれ勝手に動き、それぞれの私利私欲を追い求めるようになった。上が乱れれば、下も乱れる。各地の役人たちも腐敗し、賄賂をもらうのは当たり前。庶民の暮らしは厳しくなる一方だった。

そんな世の中に対し、これでいいのか、と立ち上がった者たちがいた。

■後漢王朝系図

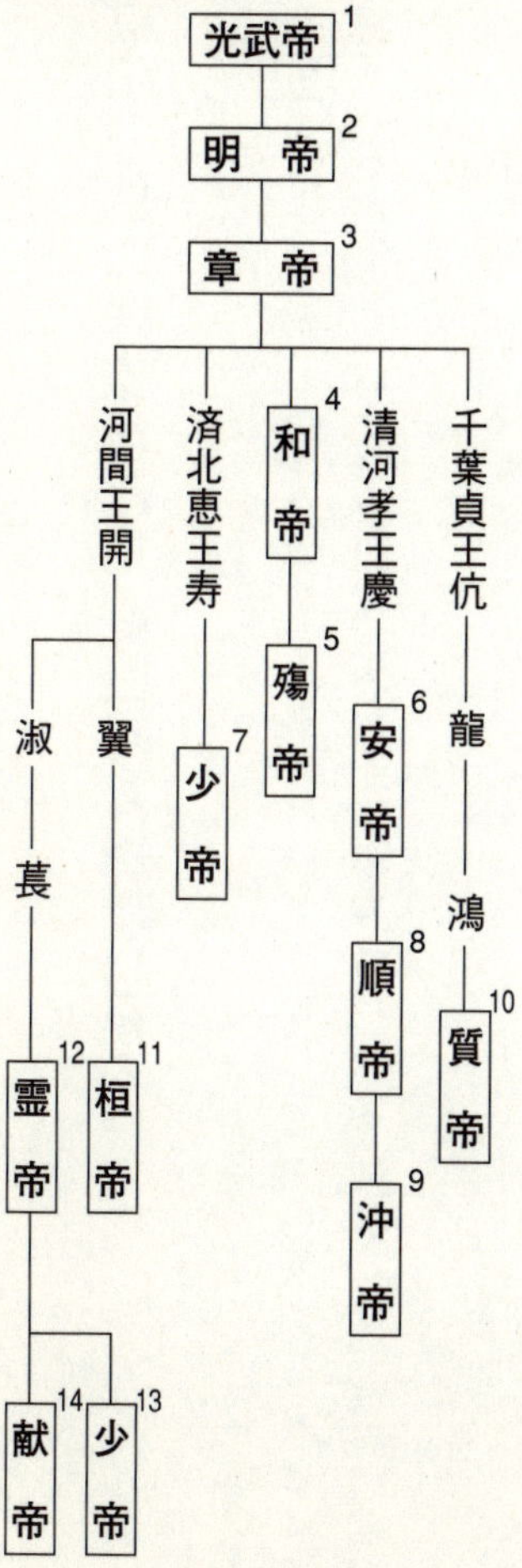

※数字は帝位についた順

「黄巾《こうきん》の乱」は誰がどんな目的で蜂起した?

そんな時代に、立ち上がったのが、黄巾賊という宗教結社だった。これはもとは道教《どうきょう》の一種である太平道《たいへいどう》という宗教団体。それが軍事力を持つようになり、一大勢力となった。

リーダーは張角《ちょうかく》、張宝《ちょうほう》、張梁《ちょうりょう》という、三兄弟。

兄の張角が、あるとき老人と出会い、「太平要術《たいへいようじゅつ》」という書をもらったのがそもそもの始まり。その書を読んで学んだ張角は、風を起こしたり雨を降らしたり、さらには病人も治せるようになり、太平道という結社をつくった。

ときは後漢末期。政治は乱れ、自然災害もあり飢饉が続出し、人々は苦しんでいた。そこに登場した新興宗教である太平道に、救いを求める人が増えた。そして、いつのまにか数十万もの信徒数をほこるまでになる。

最初は相手にしていなかった宮廷も、巨大教団の出現に脅威を感じ、弾圧を始めた。

張角らはそれに反発するとともに、いっそのこと、国を乗っ取ってやろうと考えるようになった。

そこで、後漢のシンボルカラーが赤だったので、それに対抗して、黄色をシンボルカラーとし、黄色い布を頭に巻いた。バンダナみたいなものだ。そのため、彼らは黄巾賊と呼ばれたのである。というのも、中国には陰陽《いんよう》五行説《ごぎょうせつ》という考えがあり、この世は、木、火、土、金、水の五つで成り立つとされていた。太平道が黄色を選んだのは、後漢王朝は火の王朝（つまり赤）だったので、次は土の王朝（つまり黄色）に替わる、という考えがこめられていたのだ。

１８４年、黄巾軍はついに一斉蜂起した。貧しい人々の集団に、盗賊なども加わった。漢王朝に不満を持つ者たちが結集したのだ。

黄巾軍は、当時の首都である洛陽《らくよう》にまで迫ってきた。最初は甘くみていた宮廷も、しだいに焦り始める。皇帝は幼いし、実権を握っている外戚や官僚、宦官たちも、それぞれバラバラなので、誰も責任をもって対処できない。だいたい、彼らは闘い方を知らない。

そこで、黄巾賊（宮廷側からみると、彼らは「賊」だった）討伐軍の司令官として、いったん失脚し追放されていた優秀な官僚たちが呼び戻された。

そのおかげもあって、大乱は一年ほどで終息する。太平道のリーダーだった張角は病死した。だが、宗教結社というものは、しぶとい。各地で残党が戦い、また、別の勢力も決起するようになり、中国各地で騒乱が起きていた。

「三国志」の主人公三人が出会うのは、こんな時代だった。

劉備《りゅうび》、関羽《かんう》、張飛《ちょうひ》が出会った「桃園《とうえん》の誓《ちか》い」はどこまで真実？

「三国志」の主人公は劉備玄徳《りゅうびげんとく》と、関羽《かんう》、張飛《ちょうひ》の三人だと思っている人は多いが、これはあくまで「演義」での主人公だ。劉備玄徳はたしかに「正史」でも主役のひとりだが、関羽や張飛は、その部下でしかないので、「正史」では脇役である。

しかし、一般に知られる「三国志」の物語では、この三人が主役であり、この三人の出会いから、物語は本格的に動き出す。

ときは、黄巾《こうきん》の乱のさなか。幽州《ゆうしゅう》の涿《たく》郡涿《たく》県に、劉備という、ワラジ作りをしている青年がいた（90頁参照）。彼は幼いときに父を失い、母と暮らしていた。家は貧しかったが、気位は高かった。それもそのはず、劉備は、皇帝の末裔《まつえい》だったのだ。

劉備玄徳のルーツは、前漢の時代の皇帝、景帝《けいてい》までたどることができる。景帝の庶子で、その次の武帝《ぶてい》の異母弟にあたる中山靖王劉勝《ちゅうざんせいおうりゅうしょう》の子孫なのだ。とはいえ、この劉勝という人、生涯に一二〇人もの子供を生ませたという精力絶倫の人。劉備玄徳は、それから三百年近く後に生まれたわけだが、おそらく、劉勝の子孫は、その時点で数千人、もしかしたら万をこえていたかもしれない。さらには、劉勝は人物として優れているとはけっしていえない人だったので、客観的にみると、劉勝の子孫であることは、そんなに威張れるものではない。

しかし、漢王朝の血筋を継いでいることは間違いない。劉備はそのプライドを捨てずに生きていた。そこに、動乱の時代がやってきた。無名の青年が名をなし、身を立てるのに絶好の機会だ。

劉備は黄巾の乱で、宮廷軍側に参加し、出世の機会をうかがうことにした。そのときすでに、彼は二人の豪傑を従えていた。関羽（99頁参照）と張飛（102頁参照）である。

どうやって三人が出会ったのかは、諸説様々。なかでも、もっともよく知られているエピソードは、劉備が黄巾賊に襲われた豪族の娘を助けようとして、逆に捕えられてしまったときに、それを救ったのが、おたずね者だった関羽と、肉屋をしていた張飛、というもの。娘を助けた後、三人は意気投合し、花ざかりの桃畑で酒を酌み交わす。そして、義兄弟の誓いを立てるのである。

「われら同年同月同日に生まれざるも、願わくば、同年同月同日に死のう」

これが、「演義」冒頭部分のエピソードとして有名な「桃園《とうえん》の誓い」。だが、「正史」にはこんな場面はなく、完全なフィクションのようだ。

この三人が、実際にどこでどう知り合ったのかはよく分からないのである。しかし、三人が、主従の関係ではありながらも、義兄弟の契りを交わした仲だったことは確かなようで、そのことから、この「桃園の誓い」というエピソードが創作され、「三国志」冒頭の名場面のひとつとなった。

さて、宮廷の悪政も庶民を苦しめたが、黄巾賊もまた、略奪をして民衆を苦しめていた。正義はどちらにあるのか。漢王朝の血を受け継いでいる劉備としては、黄巾賊側につくことはできない。彼らは黄巾賊討伐軍に加わることにした。

黄巾賊は、もともと盗賊のような集団だったので、「正義」がなかった。後漢王朝への庶民の不満の吐け口となり、一時的に勢いは得たが、明確な戦略があったわけでもなかった。結果的には「乱」として終わり、天下の趨勢《すうせい》を決めることにはならなかった。

だが、この乱のおかげで、後漢王朝はいよいよ末期的症状をみせることになる。

人望のなかった董卓《とうたく》が権力を握れたのはなぜ？

四年続いた黄巾《こうきん》の乱は、張角《ちょうかく》が病死し、張宝《ちょうほう》、張梁《ちょうりょう》の二人も相次いで戦死したことから、鎮圧された。その後も残党が各地で乱を起こし、完全に終わるのは１９２年とされている。

その間、都では新たな権力者が生まれていた。董卓《とうたく》である。この人物、客観的なはずの「正史」でも、かなりの悪人として記述されている。

もとは腕力の人。地方官として、異民族討伐の任にあたっていた。黄巾の乱が起こると、これまでの実績を買われ、近衛《このえ》軍司令に任じられ、張角軍と闘う。このとき、劉備《りゅうび》玄徳《げんとく》、関羽《かんう》、張飛《ちょうひ》らは、董卓軍の戦列に加わり、董卓を助ける。最初は劉備たちに感謝した董卓だったが、彼らに何の官位もないと知ると、とたんに威張り散らしたので、三人は、董卓軍を離れることにした。人物として董卓を見限ったのである。その後、董卓軍は黄巾賊に惨敗し、一度は失脚してしまうが、西方で力を蓄え、復権のときがくるのを狙っていた。

こんな董卓が権力を握った背景には、宮廷内部の権力争いがあった。

霊帝《れいてい》が亡くなると、皇帝の後継をめぐり、劉弁《りゅうべん》と、その弟である劉協《りゅうきょう》のどちらにするかで、宮廷内部で意見が対立した。二人は兄弟といっても、母親が異なる。兄の劉弁の母親の一族は、当然、劉弁を皇帝に即位させようとした。一方、弟の劉協には宦官《かんがん》がついていた。外戚と宦官との対立だった。

結果的には兄である劉弁が皇帝となり、その母の兄である何進《かしん》が、外戚として実権を握った。

権力を握ると、何進は邪魔な存在である宦官たちを一掃しようと企み、リーダーを処刑してしまった。

宦官側は、何進の狙いが自分たちを殲滅《せんめつ》させることだと知ると、動揺した。そして、このままでは滅ぼされると、先手を打つことにし、機会をうかがい、逆に何進を斬ってしまう。それに激怒した何進側の武将、袁紹《えんしょう》（116頁参照）らは、宮廷に火を放ち、宦官を片っ端から斬っていった。追い詰められた宦官は、皇帝とその弟を連れて、都である洛陽《らくよう》を命からがら脱出する。

このことだけでも、すでに皇帝に何の権力も権威もないことが分かるが、こうして逃げ出した皇帝とその弟を助けたのが、董卓だったのである。

董卓は、もともとは何進の命令に応じて、宦官絶滅作戦に参加するために、洛陽に向かっていたところだった。しかし、都が燃えているのを見て、どうしたものかと様子を眺めていた。そこに、皇帝兄弟が転がり込んできたのである。

日本史でも、天皇を味方につけたほうが、「正しい」とされるが、中国も同じ。皇帝を手中に収めた董卓は、権力を握ったも同然だった。

こうして、偶然のチャンスをものにした董卓は、幼い皇帝を戴《いただ》いて、洛陽に乗り込んだのであった。

しかし、偶然によって権力を手にした董卓には、国を治める能力もなければ、ビジョンもなかった。彼は、ひたすら、私利私欲を追求するようになる。

反董卓《とうたく》連合軍はなぜ空中分解したのか？

189年、董卓《とうたく》は権力を握ると、皇帝劉弁《りゅうべん》を廃立《はいりつ》させ、その異母弟である劉協《りゅうきょう》を皇帝の座につけた。この皇帝が、後漢王朝のラストエンペラー、献帝《けんてい》となる（33頁参照）。

この皇帝交代劇によって、董卓は、真の権力者が自分であることを天下に示したのだ。皇帝の座ですら自分の思いのままにするぐらいだから、宮廷の要職もみな董卓の親しい者たちに交代させられ、董卓に反対する者は追放されていった。さらに、董卓は、宮廷にいた女を手当たりしだい犯し、財宝も自分のものにし、さらには歴代の皇帝の墓を暴き副葬品を強奪するなど、考えられる限りの悪行を重ねた。

当然、そんな董卓を倒そうという動きが出てきた。

先頭に立ったのは、かつて何進《かしん》の部下で、宦官を根絶やしにしようと、宮廷に火を放った袁紹《えんしょう》である。彼は、董卓が実権を握った洛陽の都にはいられないので、故郷の河北《かほく》に帰っていた。その他の各地の武将たちも、このまま董卓の思いのままにはさせない、

■反董卓連合軍に参加した各地の武将たち

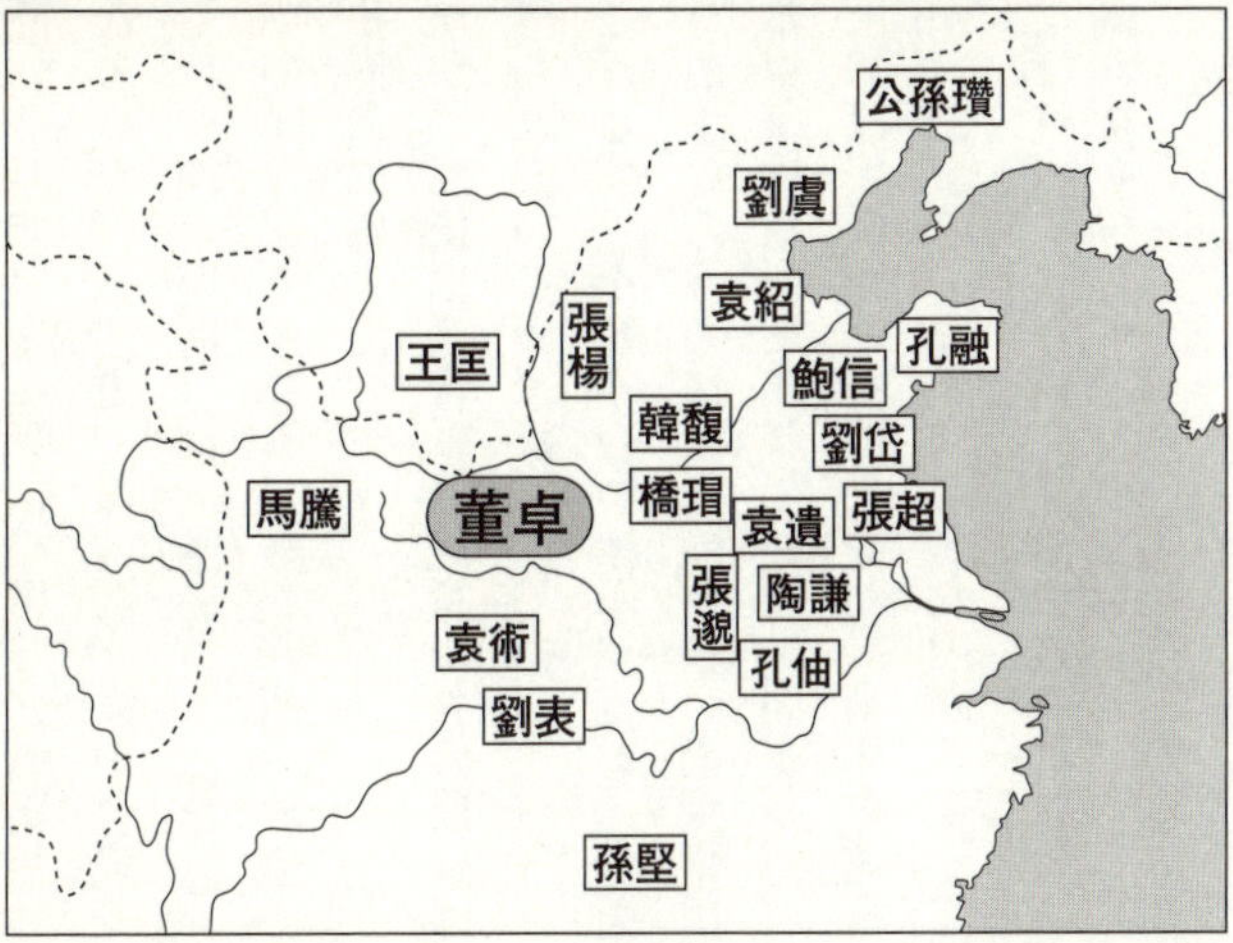

との思いで、それぞれ力を蓄えていた。

やがて、袁紹のもとに、そうした武将たちが結集していく。そのなかに、「三国志」の主人公のひとり、曹操《そうそう》（93頁参照）もいた。

西暦190年、ついに反董卓連合軍は都である洛陽を包囲した。

だが、それぞれの武将たちは、牽制しあい、なかなか兵を動かさない。リーダーである袁紹には人望がなかった。連合軍といっても、彼を次の権力者にしようと思って集ったわけではなかった。董卓の横暴が気に入らないので集っただけの、あくまで「反董卓」でしかなかった。さらに全員が、あわよくば、自分が天下をとろうとさえ思っていたので、先に闘い、兵力を消耗させては損だとも考えていた。

この点が、日本史での、関《せき》ヶ原《はら》の合戦での徳川《とくがわ》側、つまり東軍とはだいぶ違う。関ヶ原では、東軍が勝てば家康《いえやす》の天下になるという意識が参加した武将たちに明確にあり、闘いの後に樹立されるであろう徳川政権で少しでもいい地位に就こうと、家康のために一生懸命に闘った。

だが、反董卓連合軍の武将たちの間には、その後に袁紹が政権を握るという合意までは得られていなかった。

こうして、小競り合いはあっても、全面的な闘いにはならず、睨《にら》み合いが続く。そうこうしているうちに、危険を察した董卓は、洛陽を捨て、長安《ちょうあん》に遷都《せんと》することにした。

董卓軍は皇帝を連れて長安に向かった。だが、連合軍はそれを追撃もしなかった。数の上では圧倒的に優位なのに、全体を統率する者がいなかったので、闘いらしい闘いもなかった（そのなかで有名なのが、「汜水関《しすいかん》の戦い」。これについては、126頁を参照）。

こうして、連合軍は自然解散のかたちになってしまったのだが、やがて、そのなかから頭角をあらわす者が出てくる。

かつての友人同士、曹操《そうそう》と袁紹《えんしょう》が激突したワケは？

空中分解した反董卓《とうたく》連合軍の武将たちは、それぞれの領地へ戻り、力を蓄えることになった。董卓のような人間でも権力をほしいままにできるということは、自分にも、チャンスがあったら、天下を握れることを意味していた。そのことに、武将たちは気づいたのだ。

群雄割拠《ぐんゆうかっきょ》の時代となる。

そのなかで頭角をあらわすのが、曹操《そうそう》である。

曹操は、反董卓連合軍の名目上のトップだった袁紹《えんしょう》の陣に参加していた。二人は同郷で幼馴染《おさなじ》みだったが、袁紹は名家の生まれだったので、威張っていた。二人が決裂するのは、董卓が洛陽《らくよう》から長安《ちょうあん》に遷都した際に、曹操が「断固として追撃すべき」と進言したのに、袁紹がそれに耳を貸さず、総攻撃を命じなかったからだ。袁紹は、もともと「戦いを好まぬ武人」として知られていた。力と力の激突よりも、根回しや謀略を好んだのだ。その点でも、曹操とは気が合わなかったのであろう。

曹操はやむなく、自分の手勢だけを率いて董卓を追撃するが、敗れてしまう。それでも諦めない曹操は、再度、袁紹に「董卓を討つのは今だ」と説くのだが、それも拒否される。こうして、曹操は、袁紹のもとを去った。

この曹操の行動は、しかし、漢王朝のために先頭に立って闘ったとして、一部の知識階層には高く評価された。

袁紹は名家の出身だったが、曹操は、祖父が宦官《かんがん》（その養子が父）だったので、身分は低い。袁紹は大の宦官嫌いでも知られ、皇帝の外戚であった何進《かしん》が宦官殲滅《せんめつ》戦を仕掛けたときは先頭に立った。このあたりも、二人がやがて敵味方となる伏線だった。

さて、曹操が「名士《めいし》」と呼ばれる当時の知識人に認められるきっかけとなったのは、その名士のひとり、荀彧《じゅんいく》（111頁参照）が曹操の陣営に参加したからである。

荀彧も袁紹の陣営にいたのだが、人物として見切りをつけて、曹操の参謀《さんぼう》になったのだった。

荀彧という後ろ盾を得たことにより、曹操の行動には正統性が認められることになり、他の名士たちも、曹操の陣営に加わっていく。荀彧は、さらに、曹操に後漢王朝を守ることが天下をとることになるという戦略も授けた。

こうして、群雄割拠のなか、曹操は台頭していくのだった。

どうして呂布《りょふ》は裏切って董卓《とうたく》を殺したの？

190年に都を長安《ちょうあん》に移してからも、董卓《とうたく》の暴政は続いた。反董卓軍が瓦解《がかい》したのをいいことに、相変わらずのしたい放題だったのだ。

しかし、その董卓を倒したのは、外からの敵ではなく、身内、それも父子《おやこ》の契《ちぎ》りまで交わした腹心の部下、呂布《りょふ》（120頁参照）だった。

この呂布という男こそ、「三国志」前半の最大のキーパーソンともいえる。

弓馬の名人で、腕力もとてつもなく強い武人だった。そんなわけで、権力者には重宝されるのだが、問題はその生き方。とにかく、裏切りにつぐ裏切りで、主君を次々と変えた。世渡り上手といえばそうだし、いきあたりばったりの人生といえばそうともいえる。

最初に仕えたのは、丁原《ていげん》という地元の有力者。この丁原に気に入られ、養子になった。その丁原が何進《かしん》の招聘《しょうへい》を受けて都に上ったので、それに従って一緒に都へ行く。だが、すでに都は董卓が実権を握っていた。丁原は董卓のやり方に反対していたので、それを察した董卓は、敵になる前に倒してしまおうとする。それには、豪傑で知られる呂布が邪魔だった。そこで、呂布のもとに使者を出し、董卓側に寝返ることを奨める。呂布は、あっさりとその誘いに乗り、義理の父である丁原を殺してしまった。そして、丁原の首を持って董卓のもとに行き、仕えることにしたのである。

呂布は董卓とも義理の父子となったが、またも裏切り、二度目の「父殺し」をすることになる。

呂布をそそのかしたのは、司徒《しと》という、いまでいう総理大臣のような役職に就いていた王允《おういん》。彼は、董卓のあまりの悪逆暴政に、このままでは漢王朝の将来がなくなると恐れていた。といって、自分には腕力がなく、董卓を倒そうとすれば、そのそばにいる呂布によって返り討ちにあうのは目に見えていた。そこで、連環《れんかん》の計《けい》という謀略（164頁参照）によって、董卓と呂布の義理の父子の仲を裂き、呂布が董卓を殺すように仕向けた。

王允が使ったのは、「女」だった。史実としては諸説あって、はっきりしたことが分からないのだが、一人の女性を二人が奪い合い、それが原因で、呂布が義理の父である董卓を裏切り、殺してしまったのは確からしい。こうして、王允のクーデターは成功した。１９２年のことだ。

だが、董卓が死ぬと、その部下たちが反撃に出た。王允による権力掌握は、ほんのいっときにすぎなかった。形勢不利と見た呂布は、王允を見捨て、今度は袁紹《えんしょう》のもとに向かった。王允は、董卓の部下たちによって殺されてしまい、三日天下で終わった。

ともあれ、呂布の裏切りによって、長安でやりたい放題をしていた董卓は殺された。時代はいよいよ、乱世に突入していく。

曹操《そうそう》が権力を握れた本当の理由とは？

董卓《とうたく》が倒れ、それを倒した王允《おういん》の政権も三日天下に終わると、皇帝である献帝《けんてい》は、もともと無理矢理に遷都させられたので好きではなかった長安《ちょうあん》から、もとの都である洛陽《らくよう》に戻ることにした。

ところが、かつての都、洛陽は荒れ果て、とても都とは呼べない状況になっていた。いまの後漢《ごかん》王朝には、この都を再建させる力はまったくなかった。それどころか、献帝自身の食糧すら、手に入れることが困難な状態だった。

各地で勢力を蓄えている武将たちは、もはや後漢王朝のことなど忘れ、自分の権勢の拡大しか考えていなかった。そんなところに、曹操《そうそう》が献帝に救いの手を差し伸べたのである。

曹操とて、後漢王朝に対して、それほど忠誠心が篤《あつ》かったわけではない。参謀の荀彧《じゅんいく》のアドバイスで、皇帝の権威を借りることで、権力を握る戦略をとることにしたのだった。

もはや誰も頼る者がいない献帝は、曹操の申し出を受け入れ、曹操の領地である許昌《きょしょう》に都を遷すことにした。196年のことで、またも遷都である。

都となる以上、宮殿も必要だし、政府の役所も建てなければならない。曹操は突貫工事で都の建設をした。当然、これらの建設費はすべて曹操の負担となった。だが、その経済的負担の見返りとして、曹操は権力を掌握したのである。まず、自分を大将軍《だいしょうぐん》に任命させ、配下の者たちを政府の要職に就けた。

統治能力のない献帝自身には何の権力もなかったが、権威はあった。有能な者が皇帝の権威を後ろ盾にすれば、そこには強大な権力が生まれる。もはや後漢王朝など、何の権威も権力もない形骸化《けいがいか》したものだと思っていた他の武将たちは、曹操が皇帝の名のもとに権力をふるいだすのを見て、悔しがった。

なかでも、曹操の幼馴染《おさななじみ》であり、かつては曹操を部下にもしていた袁紹《えんしょう》はおもしろくなかった。

袁紹には、家柄の点でも、自分のほうが上だという意識があった。そこに追い討ちをかけるように、皇帝が、つまりは曹操が、袁紹を大尉《たいい》に任命するといってきた。大尉は常設のポストとしては政府の役職の最高位のひとつで、国防大臣にあたる。曹操が就任していた大将軍は非常設のポストなのだが、いずれにしろ、曹操の部下になることを意味した。もちろん、袁紹には受け入れがたかった。

位の上下の問題もあったが、曹操が自分に命令してきたことが、袁紹には許せなかったのだ。しかし、形は皇帝からの任命である。これを拒めば、王朝に逆らうことにもなる。曹操との駆け引きの結果、曹操が司空《しくう》という建設大臣のようなポストに就き、袁紹が大将軍になることで、とりあえず、人事問題は落ち着いた。

だが、袁紹としてはこのままではいられない。

ついに、二人は激突する。それが、西暦でいう200年の「官渡《かんと》の戦い」だった。いわば、天下分け目の戦いである。これに勝利したことで、曹操は覇者《はしゃ》となったのである（135頁参照）。

覇者・曹操《そうそう》を相手になぜ孫権《そんけん》は戦いを決断したの？

曹操《そうそう》が自分のものにしたのは、中国大陸の南北方向でみると中央にあたった。その北に袁紹《えんしょう》がいたが、南にも敵がいた。孫策《そんさく》である。

曹操と袁紹が官渡《かんと》の戦いで争っている隙に、南の孫策は北上し、都である許昌《きょしょう》を制圧し、皇帝を奪い、自ら権力を握ろうと考えた。曹操は北と南の両方と戦わなければならなくなったのである。

ところが、その孫策が、いよいよこれから侵攻だ、というまさにそのときに暗殺されてしまう。二六歳の若さであった。孫策の死によって、曹操は袁紹との戦いに専念できるようになった。

官渡の戦いは曹操の勝利で終わったが、袁紹軍との戦いはまだ続いていたのである。袁紹が病死した後も、その三人の子が抵抗し、曹操が完全に勝利するまでには、七年の歳月を必要とするのだった。

孫策の後を継いだのは、弟の孫権《そんけん》（96頁参照）である。孫権は戦うことよりも、統治能力のほうに優れていた。そのことをよく知っていた兄の孫策の遺言で、孫権は当分の間は外に攻めて出るのではなく、内政に力を注ぎ、国力を蓄えることにした。

だが、２０８年、孫権の恐れていた事態が起きる。袁紹の遺児たちを倒した曹操が、南下を始めたのである。

孫権の陣営は、あくまで曹操と闘うか、あるいは降伏するかで意見が分かれた。曹操が皇帝を奉戴している以上、それと闘う大義名分がないとして降伏を主張する者と、徹底抗戦すべきとする武闘派とに分かれたのだ。孫権は、気持ちの上では抗戦派だった。

孫権の陣営のなかで、主戦論《しゅせんろん》を唱えた一人が、周瑜《しゅうゆ》（114頁参照）だった。周瑜は、孫権にとって兄のような存在の盟友だった。彼は後漢《ごかん》王朝で大尉《たいい》をつとめた名門の出身で、後漢王朝には、人一倍の忠誠心があった。そのため、曹操が皇帝を操っている現状をどうにかしたいという思いもあったのである。

曹操を倒し、漢王朝を正しいかたちに戻す。これが周瑜にとっての大義名分となった。周瑜は孫権に、陸戦では負けるが、水戦ならば勝てる、とも進言した。

孫権は、曹操軍との戦いを決断した。

そこに、合流するのが劉備玄徳《りゅうびげんとく》である。

この間、劉備《りゅうび》と関羽《かんう》、張飛《ちょうひ》は何をしてた？

これまでみてきた歴史ドラマには、「三国志」の主人公のはずの劉備とその義兄弟である関羽《かんう》と張飛《ちょうひ》は表舞台《おもてぶたい》には登場していない。彼らが本当に活躍するのは、かなり後になってからだ。

劉備には関羽、張飛をはじめとする家臣団はすでに形成されていたが、領土もなく、いわば傭兵として、あちこちの陣に参加し、手柄を立て、わずかの領地をもらったりしていた。

公孫瓚《こうそんさん》という幽州《ゆうしゅう》の将軍に客将《きゃくしょう》として迎え入れられたのが、劉備が歴史に登場するきっかけとなった。そして、曹操に攻められていた徐州《じょしゅう》の陶謙《とうけん》の加勢に行ったことで、劉備は、陶謙の死後、徐州の牧《ぼく》となる。牧というのは、いまの日本でいう県知事のような役職だ（このあたりの詳しい経緯は、129頁の「兗州《えんしゅう》争奪戦」の項を参照）。

だが、これで落ち着いたわけではない。劉備は、その後、呂布《りょふ》と同盟を結んだかと思うと裏切られ、曹操とともに「下邳《かひ》の戦い」で呂布を倒す（131頁参照）。その次には、曹操打倒のクーデターに参加するも、それが発覚したので逃亡。そして、袁紹《えんしょう》の陣営に加わるという、波乱の道を歩む、といえばかっこいいが、いきあたりばったりの、かなりいいかげんな生き方ともいえる。

劉備の流転《るてん》の運命はまだ続く。同盟を組んでいた袁紹が曹操に敗れてしまうと、劉備たちは、荊州《けいしゅう》の劉《りゅう》表《ひょう》のもとに逃れ、ここに落ち着いた。これが201年のことだった。

この間、多くの戦いに参加したわけだが、勝ったり負けたりであった。だが、動乱の時代にありながら、劉備が家臣団を維持しつつ生き抜いたことは確かで、これは、それなりの人望と実力がなければ不可能だった。

たしかに、歴史の表舞台での主役でこそないが、この時期の劉備にも、それなりのドラマがあるわけで、彼を中心に描かれる「演義《えんぎ》」を読むと、ずっと活躍しているように思える。

さて、劉備が身を寄せた劉表だが、彼はなかなか優れた戦略家で、荊州を中立の独立国として維持していた。曹操と袁紹が争っていたときに、どちらにもつかなかったのである。だが、こちらにその気がなくても、曹操がいつ攻めてくるか分からない。劉備は曹操軍の侵攻に備えるための北の守りをまかされることになった。

だが、曹操はさらに北での袁紹との戦いに忙しく、攻めてはこない。平和といえば平和だが、劉備たちにとって退屈な日々が続くことになる。この時期の劉備が、その心境を語ったのが「髀肉《ひにく》の嘆《たん》」（215頁参照）という言葉として、今日も使われている。何もしていないので、太腿《ふともも》に肉がついてしまったという嘆きだ。

その嘆きが届いたのか、やがて劉備は一人の男と運命的な出会いをする。

諸葛孔明《しょかつこうめい》が劉備《りゅうび》の陣営に加わったいきさつは？

平和な日々の間に、劉備《りゅうび》の生涯にとって、もっとも重要な出会いがあった。それが、「三顧《さんこ》の礼《れい》」（217頁参照）という言葉とともに知られる、諸葛孔明《しょかつこうめい》（104頁参照）との出会いだった。２０７年のことだ。

天才軍略家として有名な諸葛孔明には数多くの伝説が残り、なかには超能力者であったかのようなものまであるが、そのほとんどはフィクションのようだ。

孔明は英才として知られていたが、どこにも仕官せず、荊州《けいしゅう》の隆中《りゅうちゅう》という地に庵《いおり》をつくり、農耕生活をしながら学問に励んでいた。当時の荊州は、劉表《りゅうひょう》のとっていた中立政策のおかげで平和だったので、中国各地から、名士と呼ばれるインテリたちが移り住んでいたのである。諸葛孔明もその一人だったが、その博識ぶりと知力は卓越しており、名士たちの間では知る人ぞ知る存在だった。

悶々《もんもん》とした日々を送っていた劉備は、諸葛孔明のことを知ると、参謀として迎え入れたいと思った。これまであまりにも、いきあたりばったりに行動してきたことを後悔したのであろう。関羽《かんう》、張飛《ちょうひ》の二人は豪傑で、人間的にも信頼できる部下ではあったが、長期的な戦略を練るタイプではなかった。劉備は、いまの自分にとって必要な人材は、戦略家だと、考えていたのだ。

曹操《そうそう》のもとには荀彧《じゅんいく》、孫権《そんけん》には周瑜《しゅうゆ》という参謀がいた。しかし、劉備のもとには、それに匹敵する参謀がいなかった。

劉備は諸葛孔明の庵を訪れた。だが、留守だった。いきなりきたのだから、しょうがない。そのまま引き返した。日を改めて訪れると、またも留守。三度目に訪れたとき、ようやく、劉備は諸葛孔明と会うことができたのである。

孔明は、二度も留守をしていたことを侘《わ》びるとともに、それにもかかわらず、三度も自分のもとにきてくれたことに礼を言った。社会的身分としては、劉備のほうが圧倒的に高い。当時の劉備は荊州の将軍、孔明は頭はいいかもしれないが、何の地位もない「ただの人」である。普通ならば、孔明のほうから会いに出向かなければならないのに、劉備から出向いた。しかも、三回もである。

このように、有能な人材を雇いたいときに、身分が上の人が自ら出向いて頼むことを、「三顧の礼」という。

諸葛孔明はそこまで自分のことを買ってくれるのならと、劉備の陣営に加わることを承諾した。この二人がコンビを組んだことで、中国史は大きく変わっていくことになる。

最初の出会いで、諸葛孔明は、劉備に「天下三分《てんかさんぶん》の計《けい》」（162頁参照）を説いたとされている。このとき初めて、劉備は天下獲りの具体的イメージを得たのだった。

孫権《そんけん》が劉備《りゅうび》との同盟を決断した理由は？

２０８年、曹操《そうそう》軍は南下を始めた。折悪しく、劉表《りゅうひょう》は病死してしまった。北の備えをまかされていた劉備《りゅうび》としては、当然、闘うものだと思っていた。ところが、劉表の後継者の劉琮《りゅうそう》は降伏を決定。闘うつもりでいた劉備は、まさに屋根にのぼったところで梯子《はしご》をはずされたような形になった。

このまま降伏するか、あくまで曹操軍と一戦を交えるか。劉備陣営内部でも、意見が対立した。そんなとき、降伏に納得しない荊州《けいしゅう》の民間人が、劉備軍に加わりたいとやってきた。その数、十数万。戦力になるかもしれないが、重荷ともなる。だいたい、それだけの人々を食べさせていけるのか。しかし、劉備は、反対意見を退け、その十数万人の同行を認めた。自分を頼ってくる人々を見捨てることなどできなかったのである。

劉備は荊州を出て、江陵《こうりょう》という地を拠点とするつもりだった。そこは古来から交通の要《かなめ》の地で、物資が豊富だったのだ。だが、民間人をともなっての進軍なので、なかなかスピードが出ない。ついに、途中の長坂坡《ちょうはんば》で劉備軍は曹操軍に追い着かれてしまう。これが有名な長坂坡の戦いだった（139頁参照）。劉備軍は、張飛《ちょうひ》の大活躍でどうにか追撃をかわすが、損失も大きく、江陵を制圧することなど、とても無理だった。このままでは、再び曹操軍が攻撃してきたら、全面敗北である。

劉備がとるべき道は、ひとつしかなかった。孫権《そんけん》との同盟である。

孫権のもとに、劉備は使者を出すことにした。いわば、全権委任大使である。その役目を果たせる人材が、劉備のもとにはいた。諸葛孔明《しょかつこうめい》である。

孔明の任務は重大かつ困難だった。この時点で、劉備軍は疲弊《ひへい》しており、とても戦える状態ではない。本来ならば、孫権と対等の同盟関係など結べる立場ではなかった。そこを何とかして、優位な形での同盟関係にしなければならない。

さらには、その前提として孫権が曹操と戦う気があるのかどうかを見極めなければならなかった。孫権までが、曹操に降伏するつもりだとしたら、同盟どころではなくなるのだ。

諸葛孔明は孫権と対面するなり、「曹操は強い。降伏したほうがいい」とさぐりをいれた。孫権は驚き、「ならば、なぜ、劉備は降伏しないのか」と訊き返した。孔明は、「劉備殿は漢王朝の血を引いているので、曹操になど降伏できないのだ」と答えた。孫権への挑発である。孫権はその挑発に乗ってしまい、「自分も降伏するつもりはない」と言ってしまう。「ならば、同盟を結ぶしかない」と孔明は言って、具体的に、曹操軍の兵力を分析し、劉備と孫権が手を結べば勝てることを説明した。

孫権は参謀の周瑜《しゅうゆ》の意見も聞いた上で、劉備と同盟を結び、曹操と戦うことを決断した。

こうして、劉備と孫権による反曹操同盟が樹立されたのである。
それぞれの参謀である孔明と周瑜は二人とも、陸戦では曹操軍に負けるだろうが、水上での闘いならば勝ち目があると考えていた。孫権の水軍は強いので知られていたが、それに対して曹操は、平原で戦ってばかりいたので、水上での実戦経験が乏しかった。曹操は、経済力によって、巨大な水軍を作り、水上の要塞とした。見た目は、圧倒的に曹操軍のほうが強そうだった。だが、軍船は立派でも、兵士たちは、水上での戦いに慣れていない。孫権軍は、そこにつけこむことにしたのである。

孫権陣営による苦肉《くにく》の計《けい》（174頁参照）と連環《れんかん》の計《けい》（178頁参照）により、曹操の誇る水軍は、赤壁《せきへき》の戦い（143頁参照）で壊滅的打撃を受け、敗退。孫権・劉備連合軍の勝利となった。

これによって、劉備はついに領土も得るのである。

どうして孫権《そんけん》は劉備《りゅうび》に領土を貸してくれた？

赤壁《せきへき》の戦いでの敗退で、曹操《そうそう》は当分は外に攻めることを諦め、自分の領土内の整備に専念し始めた。その象徴として、銅雀台《どうじゃくだい》という空前絶後の大宮殿を築いた。

そんなころ、210年に、孫権の参謀だった周瑜《しゅうゆ》が急死してしまった。曹操軍との闘いの際に受けた傷がもとでの病死で、36歳の若さであった。

この周瑜の死が劉備《りゅうび》の運命を大きく変えることになる。

周瑜は、もともとは孫権の兄、孫策《そんさく》の盟友だった。孫策の存命中から、周瑜は孫家による中国全土の統一を思い描いていた。そのための戦略が、「天下《てんか》二分《にぶん》の計《けい》」だった。曹操は中国北部を制圧していた。そこで、孫家としては、まず南部を制圧し「北の曹操、南の孫」という構図を作り上げる。その上で、北西部の勢力と同盟関係を結び、曹操を攻め、最後は孫家が全土を支配する。このような壮大な戦略である。

この戦略が実現してしまうと、劉備玄徳の出る幕はない。せいぜい、孫陣営の将軍のひとり、という位置付にしかならない。

周瑜は、劉備を危険視していた。南部制圧にあたり、いずれは邪魔になると考えていたのだ。そのため、関羽《かんう》と張飛《ちょうひ》を劉備から引き離す画策を練ってもいた。

そんな周瑜の死は、劉備にとってチャンスだった。後任の参謀役の魯粛《ろしゅく》は劉備に好意的で、同盟を結ぶ際も積極的だった男だ。

この時点で、劉備軍は曹操の支配下になっていた荊州《けいしゅう》の南部を奪還していた。さらには、孫権の妹と政略結婚し、同盟関係を深めてもいた。そのうえで、孫権の領土である荊州の一部を、いずれ本拠地ができたら返すという約束で借りることに成功した。領土がなければ、人を養えないという理由であった。

劉備としては、荊州のさらに西の益州《えきしゅう》が本当の狙いだった。荊州南部はそれまでの仮の領土のつもりであった。仮でも何でも、領土がなければ兵士も養えない。劉備には土地が必要であり、単独では曹操にかないそうもないので、孫権との同盟を維持することも必要だった。

孫権の参謀の魯粛は、劉備に領土を貸すことに賛成した。曹操を牽制する意味で、劉備にある程度の力を持たせておいたほうがいいとの考えがあったのだ。孫権もまた益州を狙っていたので、劉備を荊州に封じ込めておく狙いもあった。

それぞれの思惑を秘めながら、劉備と孫権との同盟は、少なくとも表向きは、より強固なものとなった。

劉璋《りゅうしょう》が劉備《りゅうび》をすんなり招き入れたのはなぜ？

荊州《けいしゅう》南部を手に入れた劉備《りゅうび》は、さらに西の益州《えきしゅう》を奪い取ろうと機会をうかがっていた。

益州の権力者は劉璋《りゅうしょう》だった。その父の劉焉《りゅうえん》は有能な人物で、益州を後漢《ごかん》王朝から半ば独立した一国として築いていた。だがその後を継いだ劉璋はまだ若く、また、かなりお人よしで、人を信じやすい性格だった。そんなわけで、配下の者のなかに、こんな主《あるじ》のもとではこの乱世を生き抜けない、と思う者が出た。

そのころ、益州の北部、漢中郡《かんちゅうぐん》に新興宗教が一種の独立王国を作っていた。そこで、それを討伐するために、隣の荊州の劉備を招聘してはどうかと、劉璋に進言する者がいた。張松《ちょうしょう》という重臣である。劉璋は同族という意識もあり、劉備に親しみを感じていたので、さっそく、この意見に従うことにした。しかし、これは陰謀の始まりであった。重臣は劉備と通じていたのだ。

２１１年、劉備は軍勢を引き連れて、益州に入った。何も知らない劉璋はこれを歓迎する。一方で、重臣たちは、劉璋を暗殺する計画を立てていた。だが、さすがに劉璋の側近たちのなかには劉備を警戒する者が多く、この暗殺計画は成功しない。また劉備自身が、暗殺という卑怯な手段を好まないこともあり、暗殺による益州乗っ取り計画は破棄された。

一年が過ぎた。劉備は、ついに真正面から劉璋を攻撃することにした。漢中の新興宗教を討伐するためとして編成して繰り出した軍勢を、益州の首都、成都《せいと》に向けたのである。

かねてから劉璋の指導力に疑問を抱いていた益州の官僚や武将の多くが主君を捨て、あっさりと劉備軍に加わった。しかし、それでも忠義者もそれなりにいて、徹底抗戦した。当初の目論見は外れ、劉備軍は成都の制圧にてこずり、荊州で留守を守っていた諸《しょ》葛孔明《かっこうめい》を呼び寄せるなどして総力戦となり、ようやく劉備軍は勝利した。二年後の214年のことである。

こうして、劉備はようやく、自分の領土を得たのである。

劉備《りゅうび》が領土を手にして力関係はどうなった?

劉備《りゅうび》が益州《えきしゅう》を手に入れたのを、苦々しく思いながら見ていたのは、曹操《そうそう》よりも、むしろ同盟を組んでいた孫権《そんけん》だった。

孫権もまた益州を狙っていたからである。そればかりか、一度は劉備に対し、一緒に益州に攻め入ろうと呼びかけたこともあった。そのときに劉備は「同族の劉璋《りゅうしょう》を攻めることはできない」と断っていたといういきさつもあった。それなのに、劉備は自分だけで攻め入り占領してしまったのだ。

だが、もはや益州は劉備のものであった。そこで、孫権は、劉備に貸していた荊州《けいしゅう》の南部を返還しろ、と迫った。本拠地ができたら返すという約束だったからだ。しかし、劉備はこれを無視した。

孫権は荊州に兵を向けた。もはや同盟関係は決裂した。劉備側からは関羽《かんう》が迎え撃つ体制を整えていた。両者激突のときが迫っていた。

だが、孫権と闘えば、たとえ勝ったとしても、損失も大きいことが予想された。さらに劉備にとって脅威だったのが、いうまでもなく、曹操の存在である。

その曹操軍が漢中《かんちゅう》に攻めてきた。益州を手に入れたばかりの劉備にとって、孫権と曹操の両方と同時に闘うのは無理だった。

そこに、孫権の参謀であり、劉備に好意的だった魯粛《ろしゅく》が、いわば救いの手を出す。和解の道が開けたのだ。

劉備は孫権との激突を避け、魯粛が提案する和解の道を選んだ。その結果、荊州南部を東西に分け、東を孫権、西を劉備のものとすることで、全面戦争は避けられたのであった。２１５年のことである。

一方、曹操は、劉備が成都《せいと》制圧にてこずっている間の２１３年に、魏公《ぎこう》となっていた。それまでは後漢王朝の献帝《けんてい》を皇帝として戴《いただ》き、いまでいう総理大臣である丞相《じょうしょう》という役職に就き、あくまで、形式上は皇帝から委任されて国を統治する立場だった。

それに対して「公《こう》」という地位は、自分の領土を持つことを意味した（その上が「王《おう》」で、数年後に曹操は魏王《ぎおう》になる）。皇帝から領土を分けてもらった立場である。形式上は皇帝の許可を得て、公になったのだが、皇帝には何の権限もなかった。当然、曹操が皇帝に対し、公になる許可を出せと求めたのである。

曹操としては、南に孫権と劉備という二大勢力がいる以上、中国全土を後漢王朝の名のもとに再統一して支配することは不可能だと考えていた。そこで、自分の国を建国する方針に転換したのである。だが、この方針に参謀の荀彧《じゅんいく》は強く反対した。荀彧はあくまで後漢王朝の復興を願っていたのだ。荀彧は曹操に疎まれるようになり、自殺へと追い込まれていった。

ともあれ、曹操は名実ともに自分の国を得て、これを魏《ぎ》と称した。中国の北側が魏となり、南のうちの東側が孫権の呉《ご》となり、西側が劉備の蜀《しょく》となる。そして、その三つの接点であり、中国大陸の中心部にあたるのが荊州《けいしゅう》で、そこもまた北を曹操、東を孫権、西を劉備が手にしているという構図だった。

こう書くと、三者が拮抗《きっこう》しているかのようだが、人口や生産物などを総合した国力では、曹操の魏が圧倒的に強く、呉と蜀を合わせても、とてもかなわなかった。

関羽《かんう》の死は劉備《りゅうび》の戦略にどんな影響を与えた?

荊州《けいしゅう》南部を分割することで、劉備《りゅうび》と孫権《そんけん》の激突は避けられたが、緊張関係は続いていた。

さらに、216年になると、魏王《ぎおう》となった曹操《そうそう》が益州《えきしゅう》の北にあたる漢中《かんちゅう》に攻め入った。ここが曹操に制圧されれば、劉備にとって致命的打撃となる。曹操の南下を容易にするだけでなく、劉備は完全に封じ込められてしまうのだ。劉備も進撃を開始した。

曹操軍と劉備軍との激戦が続くが、最後には帝軍山《ていぐんさん》で劉備軍が勝利した(148頁参照)。このときに活躍したのが、黄忠《こうちゅう》という老将軍である(109頁参照)。苦戦を知った曹操は、自ら出陣するのだが、それでも勝てない。ついに、曹操は漢中を諦めた。

この結果、劉備はようやく益州全体を手に入れたのである。

諸葛孔明をはじめとする家臣団は、この機会に、劉備に帝位に就くように勧めた。しかし、劉備はあくまで自分は後漢の皇帝の臣下だとして、これを拒む。名目だけだが、献帝《けんてい》はまだ健在だったのだ。そこで、「王」になることにした。漢中王《かんちゅうおう》・劉備玄徳の誕生である。

その一方で劉備は、義兄弟、関羽《かんう》の死という代償を払わなければならなかった。関羽は荊州《けいしゅう》の守りをずっとまかされていた。劉備にとってもっとも信頼できる部下だったからである。だが、劉備軍の主力が漢中で曹操軍と戦っているとき、関羽は荊州を出て北上し、背後から曹操軍を討つ作戦に出た。この作戦は最初は成功した。ところが、闘いが長引いているあいだに、予想外の事態となった。曹操と劉備が戦っているのを見ていた孫権が、これまでの同盟関係を捨て、曹操と手を結んだのだ。関羽は、曹操軍と孫権軍の挟み撃ちとなり、樊城《はんじょう》の戦い（151頁参照）で、孫権軍の呂蒙《りょもう》の策略にひっかかり捕えられ、処刑されるという非業《ひごう》の死を遂げてしまったのである。

「死ぬときは同年同月同日」と誓い合った義兄弟の死は、劉備にたとえようのない悲しみをもたらした。それればかりか劉備は荊州をも失うはめになったのだ。

関羽の首は、孫権によって曹操に送られた。関羽がいなくなったことを、曹操は喜んだが、その亡霊に悩まされるようになってしまった。そして、翌年、曹操は病死してしまう。

「三国志」の冒頭から活躍しつづけてきた、最大の悪のヒーロー、曹操はこうして亡くなった。関羽と曹操の死は、「三国志」第一世代の「終わりの始まり」を意味してもいた。

関羽を失った劉備は、諸葛孔明《しょかつこうめい》らが止めるのを阻止して、復讐のために孫権と闘うことを決めてしまう。これは、孔明の戦略構想にはないものだった。

義兄弟の死が、劉備の天下獲り戦略崩壊の第一歩となっていくのである。

曹操《そうそう》の死で何がどう変わったか？

曹操《そうそう》の後を継いで魏王《ぎおう》になったのは、長男の曹丕《そうひ》だった。曹丕の部下たちは、献帝《けんてい》に対し、曹丕に帝位を譲るように迫った。皇帝になろうというのである。さすがに、献帝はこれには抵抗したが、魏の兵士たちに取り囲まれたうえに、譲位を求められると、ついに、帝位を譲り渡してしまう。

これまで、かろうじて名前だけは残っていた後漢《ごかん》は、ここにきて、ついに、名実ともに終焉を迎えたのだった。実際は、曹丕が帝位を奪い取ったわけだが、あくまで形式上は、献帝が曹丕に帝位を譲ったかたちとなり、その儀式もおこなわれた。曹丕は文帝《ぶんてい》となり、父の曹操は武帝《ぶてい》と諡《おくりな》された。

220年、こうして名実ともに、魏帝国《ぎていこく》が建国されたことになる。

曹操の子、曹丕が皇帝となったという知らせは、献帝が暗殺されたという誤報とともに、劉備《りゅうび》のもとに届いた。劉備は後漢王朝の終焉を嘆き哀しみ、献帝の葬儀を出した。さらに献帝の無念をはらし、漢王朝を復興するためとして、自らも帝位に就き、昭烈帝となった。

これは、王朝としての正統性は、魏の曹丕ではなく自分にあると宣言したことを意味していた。こうして、221年、蜀《しょく》帝国が建国された。つまり、中国大陸に二つの帝国が出現したのである（この劉備の帝国は、漢王朝を継承しているとの意味で、「蜀漢《しょくかん》」と呼ばれることもある）。

劉備が殺されたと思っていた献帝は、実際には、魏帝国のもとでの公《こう》に格下げされは

■劉備の動き

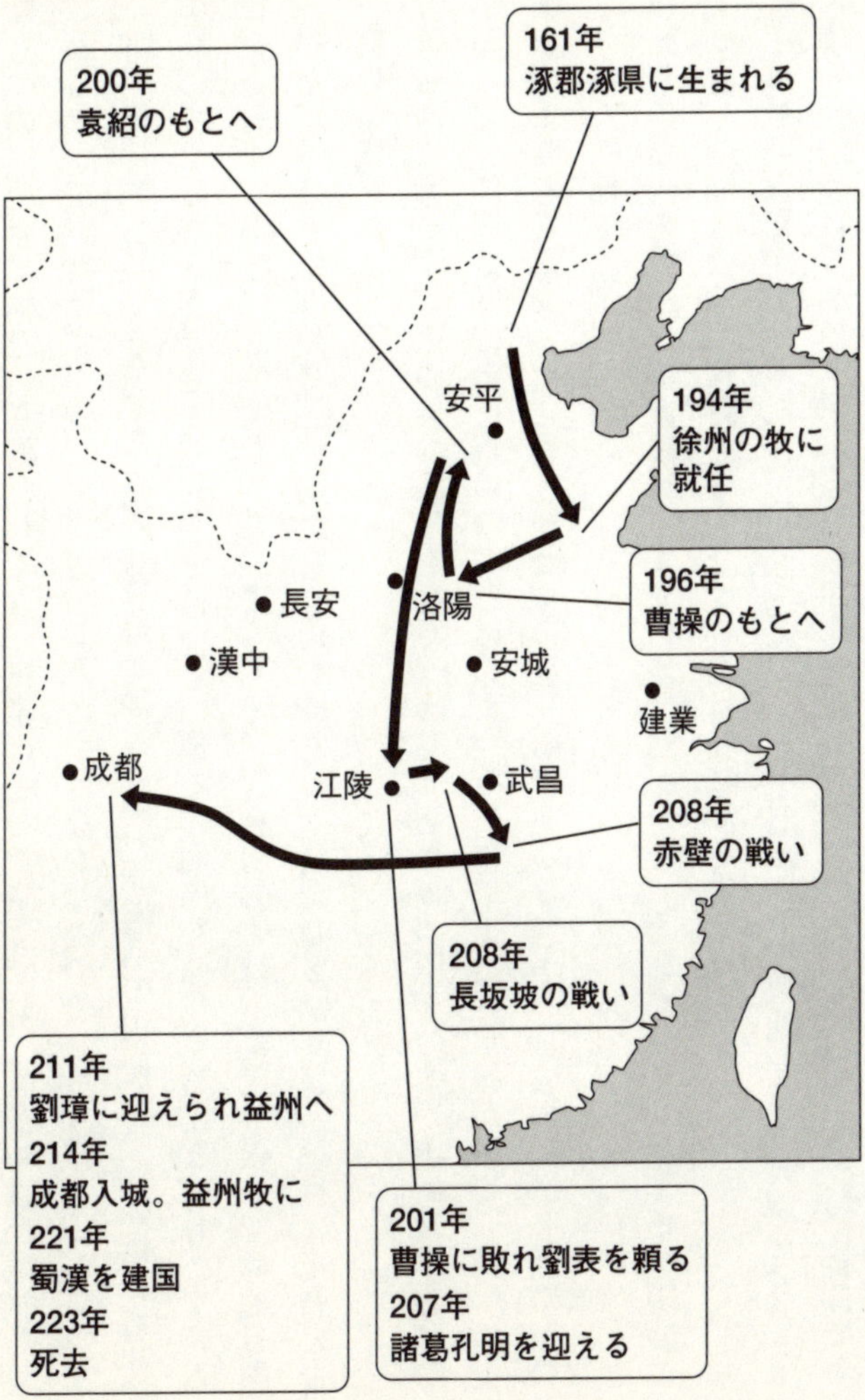
161年
涿郡涿県に生まれる
200年
袁紹のもとへ
194年
徐州の牧に
就任
196年
曹操のもとへ
安平
長安
洛陽
漢中
安城
建業
成都
江陵
武昌
208年
赤壁の戦い
208年
長坂坡の戦い
211年
劉璋に迎えられ益州へ
214年
成都入城。益州牧に
221年
蜀漢を建国
223年
死去
201年
曹操に敗れ劉表を頼る
207年
諸葛孔明を迎える

したものの、生きていた。劉備としても、皇帝になった時点では、献帝暗殺が誤報だったことは知っていたはずだが、いまさらあとに引けなかったのであろう。

一方、孫権《そんけん》は、皇帝になった劉備に脅威を感じていた。関羽《かんう》の復讐という動機もあり、必ず攻めてくるだろう。そこで先手を打って、魏との関係を強化することにし、文帝への臣従を誓い、呉王《ごおう》にしてもらった。こうして、孫権の領土は、かたちの上では魏帝国の一部だが、呉《ご》という独立した国となったのである（後の229年に、孫権は皇帝となり、呉も帝国となる）。

勝算も深く考えず、その後の戦略もなく、諸葛孔明《しょかつこうめい》以下の臣下の多くが反対するにもかかわらず、劉備は呉に軍を進めることにした。そこに、またも悲報が届く。呉への復讐戦を何よりも喜んでいた、もうひとりの義兄弟である張飛《ちょうひ》が、日頃の乱暴な性格が禍《わざわい》して、何と、部下によって殺されてしまったのだ。

義兄弟の二人を失った劉備は、いまでいえば、キレた。そして、キレたまま、国のことよりも、関羽と張飛の復讐を優先させ、蜀は呉に兵を進めた。

戦争は最初は蜀が強かったが、「夷陵《いりょう》の戦い」（155頁参照）で敗北し、大打撃を受ける。もはや敗戦は明らかとなり、その退却戦の途中で劉備は病に倒れてしまい、首都である成都《せいと》に帰ることもできず、国境にあった白帝城《はくていじょう》で療養することとした。

この白帝城に、孫権からの使者がやってきた。何と、再び友好関係を結びたいという。病床の劉備はこれに同意した。

魏からみれば、これは呉の裏切りだった。曹丕は激怒して、自ら先頭に立って、呉に進軍した。だが、苦戦する。

呉と魏が闘っているあいだに、劉備玄徳は死んだ。２２３年、63歳であった。

こうして、「三国志」の主人公第一世代は、孫権を除き、みな死んでしまった。だが、物語はまだ続く。主役として活躍するのは、劉備に後を託された諸葛孔明である。

劉備《りゅうび》が死んで、諸葛孔明《しょかつこうめい》はまず何をした？

劉備《りゅうび》亡きあと、蜀《しょく》帝国の皇帝になったのは、息子の劉禅《りゅうぜん》だった。しかし、彼は凡庸な男で、とても先頭に立って国を動かせる器ではなかった。

息子が無能であることを、劉備はよく分かっていたので、丞相《じょうしょう》である諸葛孔明《しょかつこうめい》にすべてを託した。臨終の際に、「もし、禅《ぜん》が補佐するに足る者だったら補佐してくれ。もし、禅に皇帝としての能力がないと分かったら、あなたが皇帝になりなさい」とまで言ったのであった。

諸葛孔明は涙を流して、忠誠を誓った。劉備の願望は、蜀による中国全土の統一だった。曹操の後継者である曹丕《そうひ》よりも、孔明のほうがはるかに優れている。必ず勝てる、と死に際の劉備は励ました。

孔明には劉備の死を悲しむ間もなかった。まず、呉《ご》との関係修復を確固たるものにし、安定をはかり、その間に国力を蓄え、やがてくる魏《ぎ》との決戦に備えなければならない。だが、その前に、足元から反乱が起きた。蜀の南部地域には少数民族が暮らしていた。彼らが、漢民族に支配されるのを不満に思い、連合軍を組織して、立ち上がったのだ。

225年、孔明は出陣した。これが南征《なんせい》と呼ばれる闘いだった。戦力的には圧倒的に勝《まさ》る蜀帝国軍だったが、南方の密林でのゲリラ戦となり、気候や風土病にも悩まされ、少数民族連合軍に対して苦戦を強いられた。

孔明は、武力で制圧しても、またいつ反乱を起こされるか分からないと考えた。力で制するのではなく、心で制しようとしたのである。

そこで、リーダー格の孟獲《もうかく》を捕えては自由にし、また攻めてきたので捕えるが、また逃がす、ということを七回繰り返し、寛大なところを示した。これによって、孟獲は、蜀への服従を誓うようになった（184頁参照）。そこで、孔明は、孟獲たち少数民族に自治権を与えることで、反乱は鎮圧された。

こうして、南方は固まったのである。

諸葛孔明《しょかつこうめい》が書いた「出師《すいし》の表《ひょう》」は何がどう感動させる？

南征《なんせい》が終わると、蜀《しょく》にさらなる朗報がもたらされた。魏《ぎ》の皇帝、曹丕が病死したのである。その子の曹叡《そうえい》が皇帝になったが、まだ若い。魏が混乱していることは明かだった。孔明《こうめい》は、魏との闘いを決断した。２２７年、蜀帝国軍は、魏帝国への「北伐《ほくばつ》」を開始した。そのときに、皇帝の劉禅《りゅうぜん》に対して書いたのが、有名な「出師《すいし》の表《ひょう》」という文書である。

これは形式としては、皇帝に対し臣下である孔明が、出兵を具申する文書である。だが、実際には劉禅は無能で判断能力もなかったので、孔明は出兵にあたり、万一自分が死んだ場合に備えての遺言のようなものとして書いたのだった。

その内容は、このようなものだ。「劉備《りゅうび》は天下統一の途上で倒れ、いまだ天下は三分されたままである。なかでも、蜀はもっとも疲弊している弱小国で、危急存亡の秋《とき》である」と現状を分析する（219頁参照）。それから、自分と劉備との関係について延べ、蜀を建国するまでの経緯を振り返る。そして、南方の平定も終わったいまこそ、先帝の念願である漢室の復興を目指し、魏を討つことこそが、先帝の恩に報いることになる、と延べる。さらに、劉禅に対し、「どうか広く臣下の進言を聞き、先帝の遺徳《いとく》を輝《かがや》かし、志士の気持ちを大きく広げるようにしていただきたい」と頼んでもいる。

この文書に感激した将兵たちは、涙を流しながら勝利を誓い、出陣したのだった。

だが、帝国同士の闘いである。一度や二度では決着が着かない。２３４年まで、五回にわたる闘いが繰り広げられた。そして、ついに、その五度目の北伐の最中、蜀の勝利の目処も立たないまま、「五丈原《ごじょうげん》の戦い」（157頁参照）で、諸葛孔明は病に倒れ亡くなってしまうのだった。

天才軍師として伝えられる諸葛孔明は、なぜ、この最後の大決戦に勝利できなかったのか。魏帝国には孔明に勝るとも劣らぬ軍師がいたのである。

司馬懿《しばい》が見抜いた蜀《しょく》の弱点って何？

魏《ぎ》帝国軍の最高司令官は司馬懿《しばい》（122頁参照）という男だった。地方の会計官だったが、曹操《そうそう》に有能さを認められ中央の官僚となり、曹操を支えた。内政でも能力を発揮したが、軍事的才能もあった。蜀との闘いでは、最高司令官として指揮をとった。

司馬懿は、蜀《しょく》の弱点は、兵站《へいたん》にあると見抜いていた。

蜀は敵地に攻めなければならない。そのためには、武器や食糧も一緒に運ばなければならず、またその補給も欠かせない。そこに、最大の弱点があったのだ。地理的にも、蜀から魏に攻めるためには山脈を越えなければならず、そこでもかなり兵力を疲弊させてしまう。

魏軍は、自国内で蜀軍を待ち受けていればいいわけで、補給の心配はない。

蜀が局地的な闘いでは何度も勝利しながらも、決定的な勝利につながらなかったのは、補給がうまくいかなかったからだった。

司馬懿は諸葛孔明《しょかつこうめい》の知力と、蜀の軍事力をけっしてあなどらず、敵の挑発に乗りさえしなければ、勝てはしなくても、負けることはないと踏んでいた。その時点での魏には、蜀に攻め入って征服する気はなかったので、負けなければ勝ったも同然だったのである。

諸葛孔明の死という幸運もあったが、司馬懿が率いる魏軍は負けなかった。

この敗北によって、劉備《りゅうび》が熱望し、諸葛孔明が誓った蜀による天下統一は、ついにかなわぬ夢と終わったのである。

魏《ぎ》の政権内部で、曹爽《そうそう》と司馬懿《しばい》が対立したのはどうして？

蜀《しょく》軍を敗退させたことで、司馬懿《しばい》は魏帝国での最大の実力者となった。

それをさらに強めたのが、238年に、魏の北東部、遼東《りょうとう》半島での反乱を討伐したことだった。この地域は、公孫《こうそん》氏という豪族の一族が支配していた。魏帝国の一部ではあるのだが、独立色の強い地域だった。その公孫氏が、魏からの独立を宣言し、燕《えん》国を名乗ってしまったのである。四つ目の帝国の出現である。これは、魏帝国としては、許せないことだった。

そこで、蜀軍との闘いでの実績を買われ、司馬懿が出陣したのである。燕はあまりにも無謀だった。魏帝国軍の圧倒的軍事力の前に、闘いらしい闘いもできず、敗北し、あっという間に燕は滅亡してしまい、もとの魏帝国の一部となった。

この勝利で、司馬懿の政権内での地位は揺るぎないものになった。

ところが、二代目皇帝、曹叡《そうえい》が239年に36歳の若さで亡くなってしまうことで、司馬懿の立場は微妙なものとなっていく。

三代皇帝となった曹芳《そうほう》は、八歳の少年だった。この曹芳は曹叡の実子ではないらしい。本当の父母については不明で、曹叡の養子になったようだ。当然、飾り物である。

魏帝国の実権を握ったのは、曹操《そうそう》の一族のひとり、曹爽《そうそう》だった。曹爽の父は、曹操に仕えた名将として知られていた。その子であったため、親の七光りで曹爽も出世し、とくに、曹叡の代になってから、取り立てられていた。

その曹叡が亡くなると、曹爽は司馬懿を皇帝の教育係という太傅《たいふ》という地位に就けた。これは名誉職のようなもので、実権はほとんどなかった。そして、曹爽自身が大将軍になり、独裁体制をとり始める。どうやら、曹爽に天下をとるようにそそのかした側近がいたらしく、すっかりその気になってしまい、邪魔な司馬懿を政権中枢から遠ざけることにしたらしい。

司馬懿としては、おもしろくなかったが、曹爽は皇帝の親族でもあるので逆らえない。しばらくおとなしくしていることにした。

本筋とは関係ないが、邪馬台国《やまたいこく》の卑弥呼《ひみこ》が、魏に使者を送ったのが、ちょうどこのころである。

なぜ司馬懿《しばい》のクーデターは成功したの？

さて、司馬懿《しばい》の雌伏《しふく》は一〇年ほど続いた。その間の244年、曹爽《そうそう》は諸葛孔明《しょかつこうめい》もいなくなった蜀《しょく》を攻めることにした。司馬懿は、まだ早いと反対したが、曹爽は聞き入れない。司馬懿はお手並み拝見、という気持ちで傍観していた。

それまで実戦経験がまるでない曹爽に、いかに弱体化していたとはいえ、蜀を征服できるはずがなかった。諸葛孔明が魏《ぎ》に侵攻したのと同様、補給という問題が、今度は魏の前に立ちはだかった。蜀軍の抵抗の前に苦戦し、曹爽は敗退せざるをえなくなる。

この失敗によって、曹爽の政権内部での立場はゆらぎ始めた。司馬懿はそれを冷静に見ていた。そしてついに、２４９年に一族を総動員し、政権内部で曹爽に不満を抱く人々と連携して、クーデターを起こし、成功する。曹爽一族は、ことごとく処刑されてしまった。

司馬懿はいまでいう総理大臣のポスト、丞相《じょうしょう》に就任し、政権の基礎を作った後、２５１年に病気で亡くなるが、息子の司馬師《しばし》が後継者となった。

司馬師は弟の司馬昭《しばしょう》と、がっちりとスクラムを組み、政権を磐石なものにしていった。２５４年には、司馬師は名目だけの皇帝である曹芳《そうほう》を廃位させ、曹髦《そうぼう》を皇帝に就ける。将軍による反乱が何度か起きるが、司馬一族はこれも鎮圧する。

司馬師が死ぬと、弟の司馬昭が後を継いだ。２６０年には皇帝を担いで司馬昭を倒そうとするクーデターが起きる。しかし、司馬昭は皇帝を殺害することで、この危機を乗り切ってしまう。皇帝を殺してしまうのだから、もはや、帝国を名実ともに乗っ取ったことになるが、まだ新王朝とはならない。曹操《そうそう》の子孫が次の皇帝に選ばれた。

265年、晋《しん》王となっていた司馬昭が亡くなると、後を継いだ息子の司馬炎《しばえん》は、皇帝に譲位を迫った。曹操が建国した魏帝国はここに滅び、新しい王朝、晋が建国されたのである。

この経緯は、後漢王朝を曹操が乗っ取った経緯とよく似ている。歴史は繰り返すのだ。

呉《ご》や蜀《しょく》はその後いったいどうなった？

魏《ぎ》と蜀《しょく》は何度も全面戦争を争っていたが、その間、呉《ご》は比較的平和だった。もちろん、魏との小競り合いは何度も起きたが、全面戦争には至らなかった。

呉の孫権《そんけん》は魏の曹操《そうそう》や蜀の劉備《りゅうび》よりも長生きし、亡くなるのは252年だった。

呉帝国が崩壊への道をたどり始めるのは、孫権の後継者争いがきっかけだった。これは孫権の存命中から始まっていた。孫権の長男は優秀で、将来を期待されていたのだが、33歳の若さで、病死してしまう。次男はその前に死んでおり、順番からすれば、三男が後継者に指名されるはずだった。ところが、孫権は、その下の子のほうを寵愛し、そちらを皇太子にしようと考える。

　どちらを皇太子にするかで、孫権の存命中から政権内部が二つに割れ、派閥抗争となり、やがて権力闘争へと発展した。これに慌てた孫権は、三男、四男でもなく、末っ子を皇太子にした。とりあえず、後継者争いは結論をみて、その直後の252年に71歳で孫権は亡くなった。

　予定どおり、末っ子が皇帝になるのだが、その時点でまだ10歳。とても国を治める能力などない。政権内部も権力闘争が尾を引いており、とても一致団結できる状態になく、呉帝国は揺らぎだすのであった。

　一方、蜀も安泰ではなかった。孔明《こうめい》の死後、内部での政争が続き、卓越した指導者を欠いていたので、いきあたりばったりに魏に攻めては、何の成果もあげられないまま敗退していた。

　そうこうしているうちに、魏では司馬政権が確立され、司馬昭《しばしょう》の代にそれが安定すると、一気に蜀に攻め入ってきた。またたくまに、魏軍は、蜀の首都である成都《せいと》に侵攻してしまった。籠城《ろうじょう》して戦うか、降伏するかを迫られた皇帝の劉禅《りゅうぜん》は、あっさりと降伏してしまった。

劉備玄徳《りゅうびげんとく》が苦労して手に入れ、漢王朝の復興を夢見て築いた蜀帝国は、こうして魏の前に滅びた。

降伏したことで劉禅は、魏帝国の公として生き延びることができた。だが、王朝としての漢は、この時点で完全に絶えるのであった。263年のことである。

結局、「三国志」で最後に勝ったのは誰なのか?

263年に蜀《しょく》が魏《ぎ》によって滅亡し吸収され、その魏は、265年に司馬炎《しばえん》によって晋《しん》へと交代した。

三つの帝国で残ったのは呉《ご》だが、これも時間の問題だった。

252年の孫権《そんけん》の死後、呉の皇帝の座は、10歳の孫亮《そんりょう》が継いだ。しかし、そんな政権が安定するはずがなく、内部抗争によって、実力者の暗殺が相次ぎ、孫亮は廃位させられる。そして、258年に兄の孫休《そんきゅう》が三代目の皇帝になるが、264年に亡くなってしまう。その次を継いだのが、孫権の孫にあたる、孫晧《そんこう》だった(97頁参照)。彼は文学的才能もある優秀な人間で、孫権の時代のように呉を立派な帝国として再興しようという野心に燃えていた。

しかし、政権が内部分裂を繰り返していたため、国力も低下し、とても昔のようには戻れそうもなかった。さらに、隣の蜀は滅びてしまい、呉の将来も明るくない。そこで、もうどうでもよくなり、やりたい放題の暴君になってしまう。贅沢三昧《ぜいたくざんまい》に暮らし、気分で人事をし、逆らうものは残虐に殺し、民のことなど思いやらない。

それでも、陸抗《りくこう》という名将がいたおかげで、魏もなかなか攻めてこなかったので、どうにか国は保っていた。しかし、その陸抗が274年に病気で亡くなってしまう。

279年、晋帝国軍は、六方向から呉帝国に侵攻した。呉は勝てるはずがなく、翌280年に、孫晧は降伏、呉帝国も滅亡するのであった。

こうして、魏、蜀、呉の三国はすべて滅亡し、晋による中国統一が実現した。約百年にわたる動乱の時代に終止符が打たれたのである。

だが、平和な時代はそう長くは続かない。晋帝国もまた内部分裂をはじめ、内乱となるのだが、それはもう「三国志」の物語ではない。

「三国時代」なんて本当にあったのか？

さて、「三国志」の時代を三国時代と呼び、魏、呉、蜀の三国が鼎立していたとよく解説される。だが、正式に三つの帝国が並びたっていた時期はほんのわずかでしかない。

後漢帝国が正式に滅びて魏帝国となるのが２２０年、劉備玄徳が皇帝と名乗り、漢の後を継ぐ蜀帝国を建国するのが２２１年、孫権が呉を帝国とするのが２２９年である。

つまり、２２９年が厳密な意味での三つの帝国が存在する時代の始まりだ。

そして、34年後の２６３年に蜀が魏によって滅ぼされ、２６５年にはその魏が司馬炎《しばえん》によって滅ぼされ晋《しん》となる。呉が晋に降伏して滅亡するのは２８０年だ。つまり、三国揃っていたのは、34年間でしかない。

ところが、この34年間というものは、「三国志」の物語としては、エピローグみたいなものだ。作家のなかには、諸葛孔明《しょかつこうめい》の死のところで完結させてしまう人もいるくらい。

「三国志」とは、厳密には三国時代の物語ではなく、「三国時代までの物語」なのだ。

第二章

知ってて知らない 登場人物15人の大疑問

劉備《りゅうび》——生涯戦績は何勝何敗？
１６１〜２２３

歴史の上では脇役だが「演義《えんぎ》」をもとにした「三国志」の主人公は、何といってもこの人。

誤解している人がいるが、姓が劉備《りゅうび》で名が玄徳《げんとく》ではない。劉が姓で名が備。玄徳というのは字《あざな》といい、成人してから本名の下につけるもので、いわば、自分で自分につけるあだ名のようなものだ。「徳」と自分で名乗っているように、私利私欲を追求するのではなく、大義名分を重んじる、人徳のある人との印象が強い。

劉という性は、漢帝国の創始者劉邦《りゅうほう》の末裔《まつえい》であることを示している。実際、劉備は漢王朝に血筋としてつながっている。ただ、かなり薄い。（37頁参照）

劉備の生涯のテーマは、漢帝国の再興である。その点が、自分の野心実現のために漢帝国を乗っ取った曹操《そうそう》とは決定的に異なる。つまり、同じ「天下獲り」を目指すのでも、曹操は自分の私利私欲のため、劉備は乱れた世を正すためにはかつて安定し繁栄してい

■劉氏系図

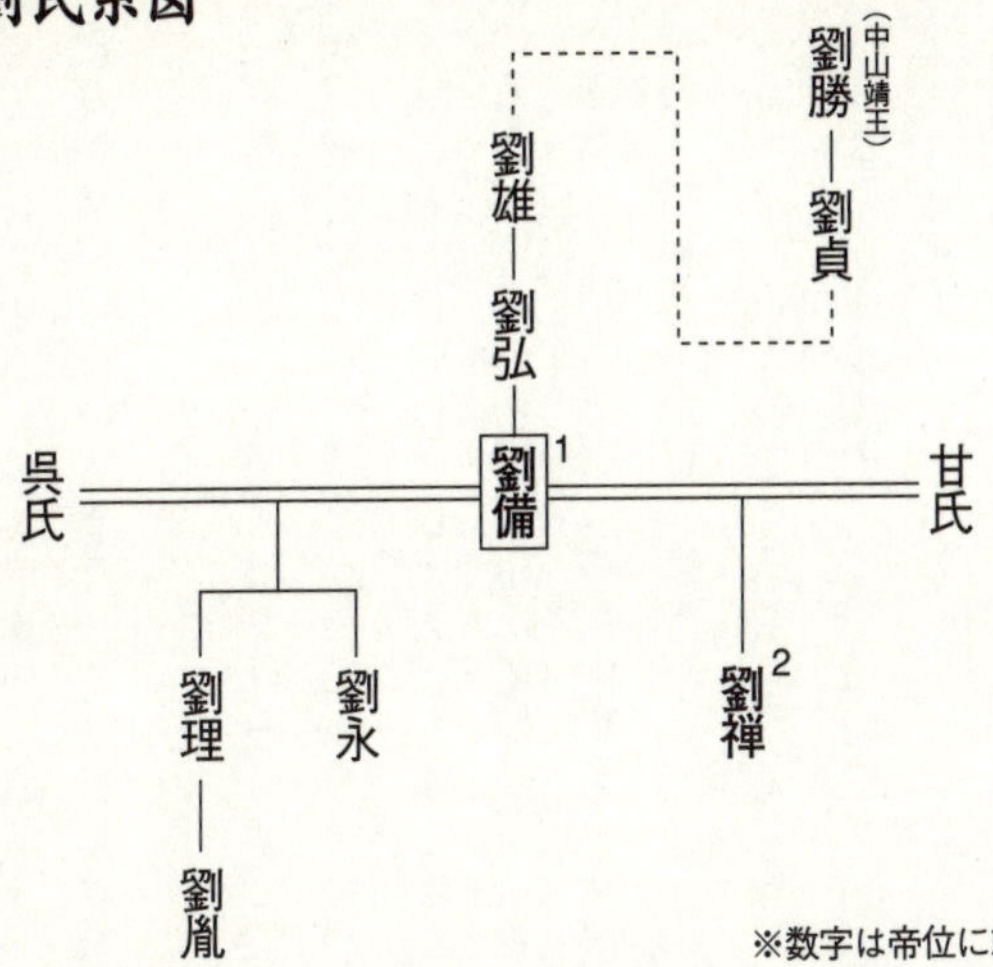

※数字は帝位に就いた順

た漢帝国を再興するしかないとの思いから、と動機が違うのだ。曹操が悪役で劉備が「いい人」として描かれる最大の理由も、ここにある。

しかし、劉備は「演義」では道徳心にあふれた人として描かれているが、それだけでは皇帝にはなれないだろう。けっこういろいろな人を裏切っているし、あちこちを渡り歩いている。よくいえば、リアリストである。

関羽《かんう》、張飛《ちょうひ》と出会い、黄巾賊《こうきんぞく》討伐のために兵をあげたのが、23歳。傭兵《ようへい》としてあちこちの陣についた後、ようやく益州《えきしゅう》の牧《ぼく》といういまの知事のような役職に就くが、それまでに十年かかっている。ところが、それもたった二年で呂布《りょふ》に奪われ、以後、23年間も流浪《るろう》の身となる。出世の目が出てくるのは、48歳のときに諸葛孔明《しょかつこうめい》と出会ってからだ。もし、この出会いがなければ、一生、うだつがあがらないままだったかもしれない。

孔明と出会ってからは、あっという間にかけのぼっていき、52歳で蜀《しょく》の建国を宣言して、皇帝になる。結果よければ全てよしである。そういうわけで、名将という印象もあるが、戦争そのものはそんなに強くなかった。

生涯に闘ったのは、数え方にもよるが21回。その勝敗は10勝9敗2分け。勝ち越してはいるが、肝心の曹操に負けてばかりいるので、あまりパッとしない戦歴なのだ。だから、本当に名将だったのかどうかは、かなり疑わしい。諸葛孔明がいなかったら、ただの人で終わった可能性も高い。

だが、その孔明ほどの人物が参謀になってくれたのは、劉備に人徳があったからとも考えられる。自分にはそれほど才能がなくても、才能のある人を呼び寄せることのできる人だったのだ。

庶民が劉備を愛したのは、義兄弟の契りを結んだ関羽、張飛との友情に殉じたからかもしれない。二人の復讐のために無謀な闘いに出て、結局負けてしまう。国の行く末よりも、義兄弟の契りを優先させたのは、君主としては失格だが、男としては、こんなに美しい話はないのである。

曹操《そうそう》――悪役として語られるが、そもそもどこが悪いのか？

155〜220

「演義」をベースにしたこれまでの「三国志」では最大の悪役として知られていたのが曹操《そうそう》。だが、最近のコミック『蒼天航路《そうてんこうろ》』では英雄として描かれ、人気が出ている。

さらにさかのぼれば、「正史」の「三国志」は、魏《ぎ》の後継の晋《しん》の時代に、晋がいかに王朝として正しいかという視点から書かれたものだから、その前身である魏が正しく、その創始者である曹操こそが正しいとして描かれていた。

ところが、負けたほうに同情心から人気が出るのは、日本も中国も同じなようで、庶《しょ》民は劉備《りゅうび》の味方をして、さまざまな伝説を生んでいった。劉備、関羽《かんう》、張飛《ちょうひ》、そして諸葛孔明《かっこうめい》をヒーローにするためには、その敵役《かたきやく》を悪くする必要があったのだ。こうして曹操は、悪人にされてしまったのである。名君だったともいわれる「忠臣蔵《ちゅうしんぐら》」の吉良上野《きらこうずけの》介《すけ》が最大級の悪役になってしまったのと同じようなものだ。

曹操、字《あざな》は孟徳《もうとく》。祖先は、前漢の時代の宰相で、祖父は宦官として権力をふるった。その養子が父で、大尉の位を大金を出して買い取った。このあたりが、血筋が悪いとされる理由だ。本人に罪はないので、気の毒ではある。いったん悪役になってしまうと、すべてが悪くとられる。

曹操は子どものころから頭がいいことで知られていた。『孫子《そんし》』の注釈本を書くほど、学問の才能もあった。

祖父や親のおかげで、一応、出世コースを歩んでいる。184年に黄巾賊《こうきんぞく》の乱が起きたときは、近衛騎兵隊長《このえきへいたいちょう》に任命され、討伐軍として戦った。何進《かしん》と袁紹《えんしょう》が反宦官のクーデターを起こしたときには参加せず、権力を握った董卓《とうたく》の誘いにも乗らなかった。

袁紹をリーダーとする反董卓連合軍に加わるが、本気で闘う気がない者ばかりのなか、積極的に闘い、敗北。だが、皇帝を迎え入れたことをきっかけにして、権力への道を確固たるものにし、中国の三分の二を支配するにいたる。

参謀、家臣にも優れた人材が集っていた。曹操は、自分と考え方の違う者でも、昨日までの敵でも、思想や前歴を問うことなく採用し、その能力を活用した。こうした人材

■曹氏系図

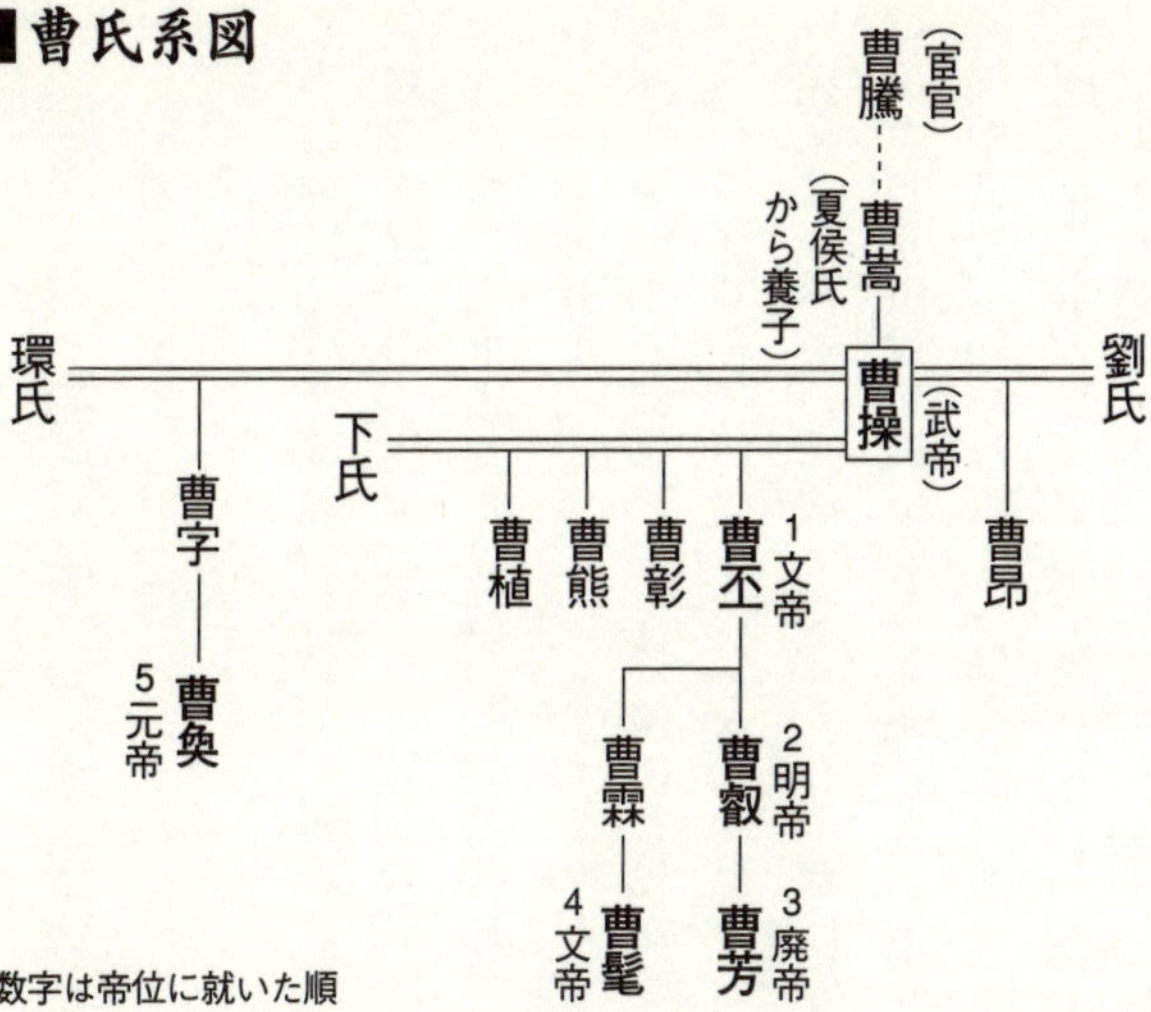

※数字は帝位に就いた順

登用は戦略の重視へとつながり、それまでの単純な闘いの図式を、組織戦、戦略と戦術による闘いへと劇的に変えたのである。

　戦争に強かっただけでなく、民政面でも優れていた。

　画期的な政策として屯田制《とんでんせい》がある。民に土地と安全を保障する代わりに重税を課すという制度で、これのおかげで食糧生産力が高まった。また、文学的才能もあったという。

　魏の皇帝、武帝《ぶてい》という称号は死後に贈られたもので、生前は「魏王《ぎおう》」の位《くらい》が最後で皇帝にはなっていない。

「演義」では悪役だが、本当は三国時代でいちばんの英雄なのである。

孫権《そんけん》——「第三の男」は本当にジミだった？
182〜252

字《あざな》は仲謀《ちゅうぼう》。呉《ご》帝国の初代皇帝である。

魏《ぎ》の曹操《そうそう》、蜀《しょく》の劉備《りゅうび》につぐ、第三の男が孫権《そんけん》だ。もっとも遅く生まれ、もっとも長く生きたが、天下獲りに成功した魏の曹操と、負けたヒーローである劉備に比べると、帝国を長く維持したわりには影が薄いのは否めない。さらに、曹操と劉備の二人が一代で帝国を築いたのに対し、孫権は父と兄がほぼ基礎を固めたものを継いで守っただけなので、その点でも、いまひとつ人気が出ない。

孫家は「孫子《そんし》の兵法《へいほう》」で知られる孫武《そんぶ》の末裔で、父の孫堅《そんけん》の代で歴史の中央の表舞台に出た。孫堅は17歳で海賊を退治し役人となり、次に反乱軍も鎮圧するなどして、後漢帝国中央でも知られるようになる。そして黄巾《こうきん》の乱で、頭角を表し、190年には反董《とう》卓《たく》連合軍に参加し、袁術《えんじゅつ》の陣営に属した。息子の孫策《そんさく》も一緒だった。

洛陽《らくよう》が董卓によって焼き払われた際に、いちばん乗りしたのが孫堅だった。そしてそ

■孫氏系図

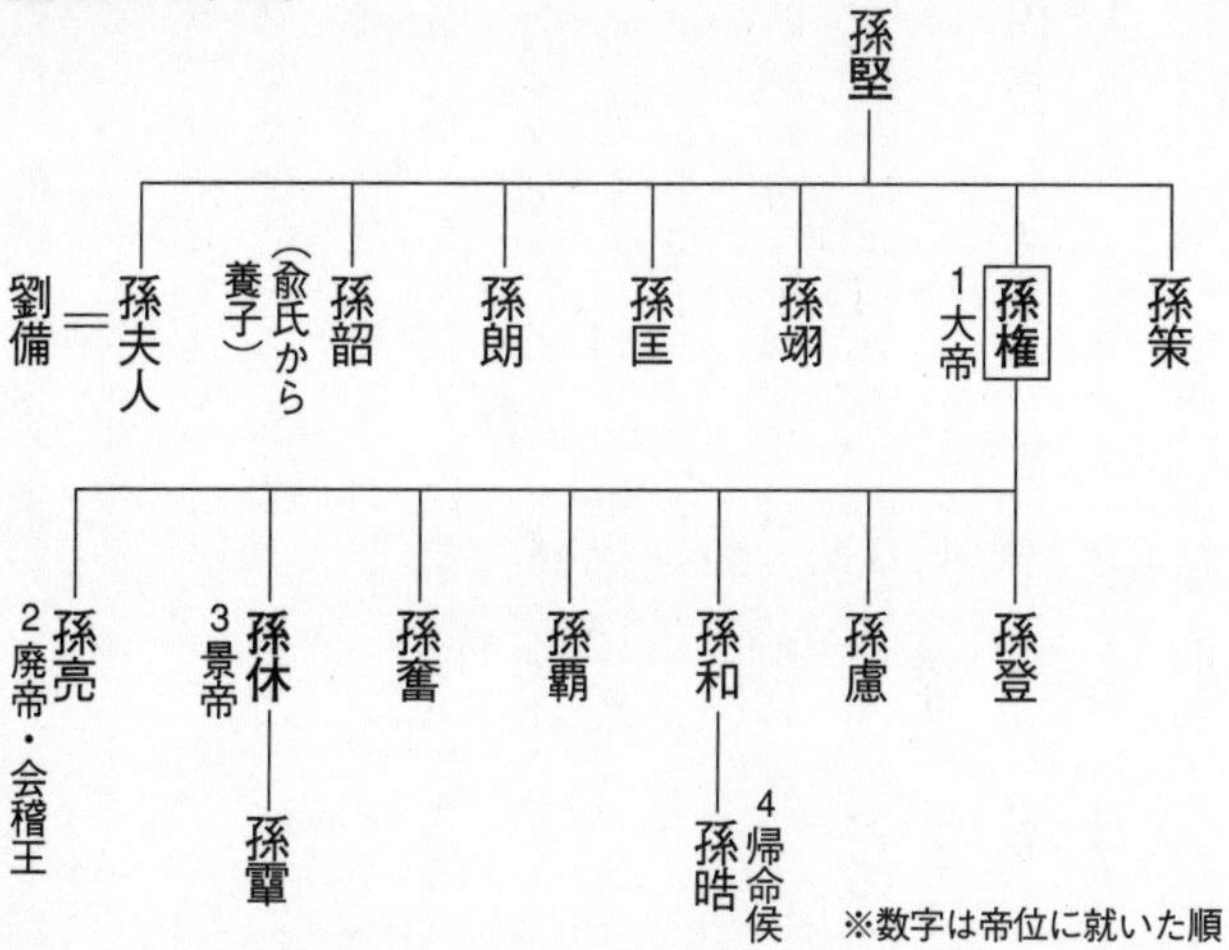

※数字は帝位に就いた順

のとき、孫堅は古井戸で国璽《こくじ》を拾う。本来、皇帝が持っているはずの、帝位の象徴である。皇帝になろうとしていた袁術はこれを欲しがり、奪い取ってしまう。孫堅は他にも袁術にひどい目にあうのだが、袁家が名家であるため、その権威を利用してやろうという野心が、孫堅にもあった。ひとまず、袁術と組むことになる。

袁術と劉表《りゅうひょう》が決裂すると、劉表討伐のために孫堅は挙兵するが、戦死してしまう。37歳だった。その遺志を継いだのが、長男の孫策と次男の孫権である。

父の死後、孫策は袁術に気に入られていたが、袁術は口だけで、いくら手柄を立てても何も見返りをくれない。孫策は三年にわたり、雌伏《しふく》のときを過ごす。だが、会稽《かいけい》を平定したことで勢力を伸ばすことができ、江東《こうとう》のほとんどを制圧する。そして、これから天下獲りに出るぞ、というときに曹操の謀略で暗殺されてしまう。父子ともに、自分の強さを過信し、油断があったようだ。

兄の後を継いだ孫権は、このとき18歳。兄の孫策は戦争が得意だったが、孫権は内政のほうが得意で、二人はいいコンビだった。というよりも、二人で一人前というところがあった。そのことを自覚していた孫権は、外に闘いに出るのではなく、内を固めた。曹操と劉備という二つの敵に対し、あるときは劉備と同盟を組み、あるときは曹操と通じるなどして、戦争ではなく、外交で生き延びた。229年に呉を帝国とし、初代皇帝になった。

政治家として見た場合、外交に徹して国民を無駄に死なせないよう努めたことは評価していい。だが、闘わなければ男ではない、天下を狙わないで何のために生きるのか、という乱世の時代にあっては、ヒーローになれるキャラクターではないのだろう。

内政にも優れ国力を豊かにし、外交能力にも長けていた孫権だが、後継者の選び方には失敗した。長男が死んでしまったため、次の皇帝をどの子にするか迷い、そのため、宮廷内が二つの派閥に割れて混乱するのだ。生涯の最後の段階での大失敗といっていい。

どうにか収拾させるが、彼に残された時間は長くなく、呉の先行きに不安を抱きながら亡くなった。

この後継者問題で国の中枢が二分されたことで、呉は弱体化し、滅びるのは時間の問題となってしまったのである。

関羽――どうして商売の神様になったの？

?～219

字《あざな》は雲長《うんちょう》。身長2メートル以上で、髭《ひげ》の長さも50センチ近かった大男だ。赤兎《せきと》という名馬にまたがり、重さ20キロもある刀を振り回す豪傑。文武ともに秀でていて、劉備《りゅうび》の信頼が篤かった。

劉備と出会うまでの前歴はよく分からない。「正史」では脇役にすぎないのだが、「演義」では主役のひとりだ。

強いだけの張飛《ちょうひ》とは異なり、インテリでもあり、義に生きる人でもあり、悲劇的な最期を遂げたこともあって、人気が高い。中国だけでなく、横浜の中華街をはじめ日本各地にもある関帝廟《かんていびょう》は、関羽を商売の神様としてまつったものだ。庶民からもっとも慕われているのが関羽なのだ。

この文武両道に秀でた関羽を、敵の曹操《そうそう》までもが自分の部下にしたがった。曹操は有能であれば、昨日までの敵であっても、迎え入れる器の大きな男だったのだ。200年に劉備が曹操と闘って負けた際、関羽は劉備の夫人を守るために曹操に降伏する。曹操は、関羽を手厚くもてなし、自分のところに来いと誘う。だが、関羽はその誘いには乗らない。しかし、曹操と袁紹《えんしょう》が闘うと、曹操のために闘う。そして、袁紹軍の将の首をとると、それを曹操のもとに届け、「これで恩義は返した」と、劉備夫人とともに曹操軍の陣営から脱出する。

劉備への大きな義を何よりも優先するとともに、曹操への義も果たしたのである。このあたりが、関羽がもっともドラマチックでカッコいい場面だ。

劉備がもっとも信頼を寄せていた関羽だが、諸葛孔明《しょかつこうめい》の登場とともに、影が薄くなるのは否めない。荊州《けいしゅう》の半分を劉備軍が制圧し、さらに西の益州《えきしゅう》へと侵攻すると、荊州の留守をまかされたのが、関羽だった。劉備のもとには、全幅の信頼をおいて全てをまかせられる人材が他にいなかったので、関羽にその役目が下ったわけだ。これは大任であり名誉なことなのだが、結果的に、関羽は劉備陣営の本体から外れてしまい、孤独な日々を送ることになる。

劉備は益州を手に入れるが、その北部の漢中《かんちゅう》をめぐって、曹操軍との争奪戦を繰り広げることになった。関羽も連携して北上し、曹操軍の背後を狙う。最初は関羽軍が優勢だったのだが、大雨となり持久戦となってくると、様子がかわってきた。曹操と孫権《そんけん》が密かに通じ、関羽は挟み撃ちとなってしまう。さらに孫権の謀略によって、部下の裏切りにもあい、戦死してしまうのである（69、151頁参照）。

孫権は自分が劉備に恨まれるのを嫌がり、関羽の首を曹操のもとに送った。関羽を殺させたのは、あくまで曹操だと示したかったのである。関羽の能力を高く評価していた曹操はその死を惜しみ、手厚く葬ったという。そして、その直後に曹操も死ぬ。この二人の縁も深いのである。劉備、関羽、張飛の三人の義兄弟との絆とは別の、男と男の信義と友情の関係が、敵である曹操と関羽の間にもあったのだ。

敵にも愛された関羽の人気が高く、神様にまでなったのも、理解できよう。

ちなみに、なぜ武将である関羽が商売の神様になったのかというと、海を渡って商売をしていた中国の商人たちが、船の守り神としてまつったのが最初だといわれている。

当時の貿易は、海の上での自然との闘いもあったが、海賊も多かったので、それらから守ってくれる強い神様が船には必要だったのだ。こうして、関羽は貿易商の神様となり、やがて商売全般の神様となったわけだ。

張飛《ちょうひ》——いったいどれほど強かった？

?～221

字《あざな》は翼徳《よくとく》。関羽《かんう》とともに、劉備《りゅうび》と義兄弟の契りを結んだ主役のひとり。関羽が文武両道に秀でていたのに対し、張飛はひたすら武の人。その分、言動がちょっと軽く、それゆえに人気のあるキャラクターだ。得意とするのは、矛《ぼう》。

張飛が大活躍するのは、「三国志」の「正史」でもなければ「演義」でもない。「演義」のさらに原作となった数多くの講談のようだ。小説などではあまり活躍の場面がないが、民間伝承がもっとも多いのが張飛で、かつての中国人は、子どものころから、親や大人たちから張飛の物語を聞いて育ったという。

そんなこともあって、「三国志演義」では、いまさら張飛の強さやキャラクターについて改めて「書く」必要がなかったらしい。とにかく、張飛は強いことになっている。一人で兵一万人分の力を発揮したと伝えられる。

有名なのが、劉備が曹操《そうそう》軍に負けて敗退するとき、そのしんがりをわずか20騎でつとめたことだ。長坂《ちょうはん》の橋の上で、張飛は矛を振りかざし叫ぶ。

「われこそは翼徳！　まとめてかかってこい！」

そのあまりの形相と迫力に、追う曹操軍は誰も手も足も出せず、凍りついてしまい、その隙に劉備軍は無事に落ちのびたのだ（139頁参照）。

これでは戦っていないので、本当にどれぐらい強かったのかは分からない。だが、相手が張飛だというだけで、誰もかかっていかなかったのだから、張飛の武名はかなり知れわたっていたわけだ。

張飛は酒が大好きで乱暴者で、部下に嫌われていた。それが原因となって、謀略で部下に殺されてしまう。関羽の死から二年後のことだった。

そして、その二年後、劉備も死ぬ。「生まれたときは違っても、死ぬときは同年同月同日」と誓った三人の義兄弟は、四年の間に相次いで亡くなったのである。戦乱の世、生き延びるだけでも大変だったのだから、これは奇跡に近いといっていい。

諸葛孔明《しょかつこうめい》――軍師としての才能と、宰相としての能力はどちらが上？

１８１～２３４

諸葛亮《しょかつりょう》、字《あざな》は孔明《こうめい》。したがって、諸葛亮孔明、あるいは諸葛亮とするのが正しいが、諸葛孔明と呼ばれることが多いので、本書ではそう記した。中国には珍しい二文字の姓である。

諸葛孔明は「三国志」中盤から後半にかけての事実上の主役である。幼いころに父を失い、叔父のもとで育つ。並外れた知性と知識の持ち主だったが、戦乱の世に誰にも仕えることなく、晴耕雨読《せいこううどく》の日々を送っていたところに、劉備《りゅうび》がやってきて、三顧《さんこ》の礼《れい》を尽くされ、参謀となる（56、217頁参照）。

それからは天才軍師として蜀《しょく》帝国の建国まで導き、総理大臣にあたる丞相《じょうしょう》になる。劉備亡き後も蜀帝国を支え、魏《ぎ》と何度も闘う。このときに、劉備の子で皇帝の座に就いていた劉禅《りゅうぜん》に奉じた「出師《すいし》の表《ひょう》」という文書は名文として知られる。だが、魏との闘いではついに勝利を見ることなく、亡くなる。

天才軍師として、さまざまな闘いでのエピソードが知られ、なかには天候さえも自在に動かせるという魔法使いみたいな話もあるが、それらはフィクションが多い。冷静に考えると、局地的な勝利はしても、大局的には敗戦続きで、あまり強いとは言えないのだ。勝つ場合も、相手の心理を読んだ謀略戦での勝利が多く、肉弾戦派の関羽《かんう》や張飛《ちょうひ》のような派手さはない。あくまで頭脳で闘う人だった。

もともと劉備の参謀になる前には、一度の実戦経験もない。それなのに劉備が感動して参謀に招聘したのは、「天下三分《てんかさんぶん》の計」という国家戦略を説いたからだ（162頁参照）。

このように、戦争を指揮することよりも国家運営などの才能のほうがあったようで、蜀帝国ができてからは、法律・制度を整備し、官職も整え、賞罰のけじめも明確にし、公平な政治をおこなった。そのため国民からも、厳しい人だが正しい人だと慕われていた。

蜀帝国の最大の危機は劉備の死だった。呉《ご》によって関羽を殺されたことでキレてしまった劉備が、個人的復讐のために戦争を始めたはいいが、壊滅的打撃を受け、事実上の敗戦のなかでの死を迎えた。そのため、蜀の軍事力は低下し、経済的にも疲弊していた。そこにつけこんで各地で反乱も起きていた。隣の呉との関係も悪化しており、崩壊寸前だったのである。しかも、皇帝として後を継いだ劉備の息子の劉禅は無能でまったく頼りにならなかった。諸葛孔明はひとり、奮闘して、国を支えたのである。外交面では呉との関係修復を成功させ、経済面では鉄などの産業を興し、南方の異民族の制圧にも成功し、来たるべき魏との決戦に備え、国力を蓄えたのである。

だが、その魏との闘いが、結果的には孔明の命も削り、蜀の運命も決めた。孔明は劉備に託された「魏を倒して漢王朝による天下統一」にこだわり、五回にわたり魏との決戦をおこない、その五回とも敗退したのである。

なぜ勝てなかったのかについては、さまざまな分析が可能だが、ひとくちでいえば、孔明は理念先行型の人だったため、戦況の変化に臨機応変に対応できなかったからだという。そのため、敗戦を繰り返したのである。

冷静に考えると、孔明は政治家としては超一流でも、軍師としては二流と評価したほうがよさそうだ。「正史」では、かなり冷淡に記述されており、そのことがかえって同情を呼び、民間伝承とそれを集大成した「演義」では、天才軍師として数々のエピソードが語られている。研究者によると、こんにち、孔明がこうしたあしたと伝えられているる多くは、創作であったり、他の人のエピソードを孔明のものに置き換えたものがほとんどらしい。

いずれにしろ、そのキャラクターや功績について、いろいろと論議されるのも、人気者である証拠だ。やはり、この人なしに「三国志」は語れないのである。

馬超《ばちょう》――曹操がもっとも恐れた武将はどんな人？

176～222

字《あざな》は孟起《もうき》。漢民族ではなく、どこにも属さず、その名のとおり独立した騎馬隊の長として戦乱の世を駆け抜けていた。

劉備には五虎《ごこ》将軍がいた。そういう名の人がいたわけではなく、蜀の五人の勇猛な将軍たちのことをいい、そのうちの二人はすでに紹介した、関羽《かんう》と張飛《ちょうひ》。残りの三人が、馬超《ばちょう》、黄忠《こうちゅう》、趙雲《ちょううん》である。この五人は五虎将軍として、まとめて語られることがあるが、実際にこの五人が劉備の陣営に揃っていた時期は、ほんの数年でしかない。

馬超の父は朝廷に仕えていた。それを足がかりに、馬一族は、中国北西部の涼州《りょうしゅう》を制圧していた。河北《かほく》を支配していた曹操《そうそう》としては、邪魔な存在である。だが、馬超の強さを考えると、敵に回すよりも、自らの陣営に引き入れたほうが犠牲が少なくてすむ。曹操は馬超を招聘した。だが、馬超は断る。誰の下にも立ちたくないという気骨ある男だったし、曹操に父を殺されたという過去もあったので、親の仇のもとでなど、働けない、というわけだ（だが、これは史実とは逆のようで、馬超が曹操に向けて挙兵したので、父親は処刑された、と「正史」にはある。話をおもしろくするために、話が逆になったのである）。

馬超は韓遂《かんすい》という武将と同盟を結び、曹操と対峙した。そこで、この二人の仲を引き裂こうと、曹操は離間《りかん》の計を企てる（166頁参照）。これにひっかかり、馬超と韓遂は決裂。馬超は単独で曹操軍と闘うことになるが、大敗してしまう。

しかし、馬超は人気があった。西域《せいいき》に戻ると、他の異民族の支持も得て再起してゲリラ戦を展開し、曹操をてこずらせる。

だが、ゲリラ戦は局地的には勝利しても、大軍の圧倒的軍事力の前に、いつかは滅びる。力尽きた馬超は、曹操と戦っていた漢中《かんちゅう》の張魯《ちょうろ》のもとに身を寄せた。だが、張魯をたいした男ではないと見限ると、益州《えきしゅう》に侵攻していた劉備のもとに密書を送り、投降した。

馬超が投降して劉備軍に加わったという知らせは、益州の都、成都《せいと》を震撼させた。兵は戦意喪失し、あっさりと陥落してしまう。馬超のおかげで、劉備は益州を手にできたともいえるのだ。その功績から、221年に劉備が蜀《しょく》帝国の皇帝に即位すると、馬超は驃騎《ひょうき》将軍に任命され、また益州の北の涼州《りょうしゅう》の牧《ぼく》にもなった。来たるべき曹操軍との対決のためであったが、翌年、病死してしまった。

馬超は、とても人望があり、ひとから慕われた。人々は、その死が信じられず、まだ生きているとの伝説が残ったほどである。

黄忠《こうちゅう》——なぜ先陣をまかされた？

?～220

字《あざな》は漢升《かんしょう》。五虎《ごこ》将軍のひとりで、老将軍として知られる。

生年が不肖なので実際の年齢は分からないが、「三国志」には最初から六〇歳以上の老人として登場する。もとは荊州《けいしゅう》で劉表《りゅうひょう》の配下の一人だったが、赤壁《せきへき》の戦いの後、劉備《りゅうび》に投降した。馬超と同じく、いわば中途採用組である。

常に先陣に立って闘い、勇猛ぶりで知られた。諸葛孔明《しょかつこうめい》が先陣を黄忠にまかせたのは、老人が先頭に立つことで、若い者も「年寄りに負けてたまるか」と、張り切って闘うという効果を狙ったらしい。なかなかの人材登用術である。

帝軍山《ていぐんさん》の戦いでは、魏の総大将、夏侯淵《かこうえん》を斬り、勝利に導いたのが最大の戦功である。219年に五虎将軍の一人に任命されるが、翌年、亡くなってしまう。いまでも中国では元気な老人のことを「老黄忠《ろうこうちゅう》」と呼ぶらしい。

趙雲《ちょううん》――派手さのない男のただならぬ能力とは？

?～229

字《あざな》は子龍《しりょう》。劉備《りゅうび》が無名時代からの臣下で、五虎《ごこ》将軍のひとり。関羽《かんう》、張飛《ちょうひ》が創業期からの仲間で、馬超《ばちょう》や黄忠《こうちゅう》が中途採用だとすると、趙雲《ちょううん》は最初の新卒採用のようなもの。若いころから劉備に仕え、劉備の死後まで生きた。もっとも長く仕えた臣下ともいえる。

はじめは公孫瓚《こうそんさん》のもとにいたが、そこに身を寄せてきた劉備のほうに惹かれ、配下に加えてもらった。以後、さまざまな戦いで劉備軍の将として闘うのだが、あまり派手な活躍はない。もっとも有名なのが、長坂《ちょうはん》で曹操《そうそう》の奇襲にあって撤退する際、取り残されてしまった劉備の妻子を救出したときだ。趙雲は単身、敵のなかを子どもを抱きかかえて駆け抜け（劉備の夫人も一緒に抱きかかえたという話もある）、無事に劉備の妻子を本隊に届けたのである。その後、張飛が大活躍するのは記したとおりだ。

関羽の死に憤激した劉備が呉《ご》を攻めたときは、「本当の敵は呉ではなく魏《ぎ》だ」と反対するなど、筋の通った考え方の持ち主でもあった。さらに、劉備の死後の第一次北伐でも、敗戦による撤退という困難な仕事を、あまり犠牲者を出さずにやりとげた。

どうも、退却戦でその能力を発揮する人のようだ。退却は、それじたいが惨めなものなので、派手さはない。だが、勢いに乗って攻めてくる敵をかわしながら、少ない犠牲で自分の陣地まで戻らなければならない退却戦は、もっとも困難な戦いである。それを成功させたということは、ただならぬ能力の持ち主ともいえよう。

荀彧《じゅんいく》——名参謀が最後に曹操の怒りを買ったのはなぜ？

163〜212

字《あざな》は文若《ぶんじゃく》。劉備《りゅうび》に諸葛孔明《しょかつこうめい》がいたように、曹操《そうそう》にも全面的に信頼できる参謀として荀《じゅん》彧《いく》がいた。彼なくして曹操の天下はなかったといっていい。だが、一説には自殺とも伝えられるように、最後の最後になって曹操から疎《うと》んじられ怒りのなかで死んだ。

祖父も父も高級官僚という名門の家に生まれた。子どものころから頭のよさを発揮し、また容姿もよかったという。

当然のように宮廷の官僚になるが、ちょうど董卓《とうたく》が権力を握った時代とぶつかり、こんなところにはいられないと身切りをつける。当初は故郷にいたが、袁紹《えんしょう》から賓客として招聘され、その陣に加わる。だが袁紹に一国を束ねることはできないと判断し、曹操のもとに向かう。曹操は狂喜して荀彧を迎え入れた。

荀彧の最大の功績は、保護者を失い困窮していた皇帝を奉じることを、曹操に進言したことだった。

後漢帝国は実際には国家として何の権力もなく、権威も失墜していたが、名目上は存在していた。権力の正統性は皇帝を味方につけたほうにある。そのことを荀彧はよく理解しており、他の武将たちが無視していた皇帝を迎え入れるよう、曹操に助言したのである。これによって、曹操は皇帝の代理人としての立場を得て、その権力が正統性をもてた。軍事力だけでは、曹操の天下にはならなかったであろう。

荀彧のもうひとつの功績は、自分以外の優れた人材を次々と曹操に紹介し、雇い入れるよう進言したことだった。リクルートも担当していたのである。軍事的にも袁紹との最後の決戦で勝利に導いた。こうして曹操と荀彧は、いわば二人三脚で天下統一を進めていった。

だが、中国の北側をほぼ制圧し、曹操が魏《ぎ》国の公《こう》になると決めた際、荀彧はそれに反対する。公になることは、後漢帝国とは別の国をつくることを事実上意味していた。荀彧が忠誠を誓っていたのは、あくまで漢王朝であり、曹操がそれを守る姿勢を保っているあいだは従っていたが、漢王朝をないがしろにし、自ら国を建てようとする動きには反対したのだった。

すでに魏は基礎ができており、荀彧以外にも曹操のまわりには側近も多くいた。荀彧なしでも国の運営はできると曹操は思ったのかもしれない。あるいは、いつまでも頭が上がらない荀彧が疎《うと》ましくなったのかもしれない。荀彧は、名目上は大臣の位にあったが、事実上、失脚する。

その後、荀彧が病に倒れると、曹操が五人の護衛を派遣した。これを荀彧は、自分を監視するためだと思い、そこまで信用されていないのかと、憤激し、毒をあおったという説もある。あるいは、曹操から見舞い品が届くとそれが空だったので、死ねという意味と解釈し、自殺したとの説もある。いずれにしろ、その死は魏帝国建国の最大の功労者にはふさわしくない、悲劇的なものだった。

荀彧の死後、曹操は魏の王となる。だが、曹操自身は死ぬまで皇帝にはならなかった。荀彧を気にしていたのかもしれない。

周瑜《しゅうゆ》——「天下二分の計」はどうして失敗した？

175～210

字《あざな》は公瑾《こうきん》。呉《ご》の孫権《そんけん》の参謀が周瑜《しゅうゆ》だ。諸葛孔明《しょかつこうめい》のライバルにあたる。

孫権の兄の孫策《そんさく》とは幼なじみで、無二の親友、そして二人の妻が姉妹という親戚にもなった。孫策の死後は、後を継いだ弟の孫権を支えたのである。強いことで知られた呉の水軍は、周瑜が創設したといってもいい。

諸葛孔明は「天下三分の計」を唱え、劉備を心服させたので知られている。中国全土を魏《ぎ》と呉《ご》と蜀《しょく》の三国に分けていったん安定させ、その上で呉を併合して、魏と対決し、最終的に天下統一するという戦略である。それに対し周瑜は、「天下二分の計」を考えていた。彼の眼中には劉備《りゅうび》などなく、相手にしていなかった。呉と魏の二つしかなかったのだ。蜀を奪い取り、西北で騎馬隊を率いている馬超《ばちょう》と連携し、曹操《そうそう》を討つ。それが周瑜の戦略だった。

だが、劉備に諸葛孔明という参謀がついたことで、簡単には蜀を奪うことができず、この戦略は挫折した。そして、36歳の若さで、戦場で受けた傷がもとで病死してしまう。彼の死によって劉備＝諸葛孔明は呉と同盟を組むことが可能となり、天下三分の計が実現していくことになるのだった。

孫権は兄の孫策や周瑜とは異なり、内を固めることを重視し、あまり外に攻めていくタイプではなく、ましてや、天下統一という構想には、どうも正直なところ、ついていけなかったようでもある。天下二分の計が実現しなかったのは、何よりも、孫権にその気があまりなかったからであろう。孫権は自国の安泰を再優先し、北からの脅威である曹操を牽制するために、劉備と同盟を組むほうを選んだ。

周瑜の死は早過ぎたが、もっと長く生きても、いずれ孫権と対立し離れてしまったかもしれない。

袁紹《えんしょう》——幼馴染の曹操が最大の敵になったワケは？

?～202

字《あざな》は本初《ほんしょ》。四代にわたり三公《さんこう》の地位に就いたという名家に生まれたので気位が高い。三公とは、朝廷の高級官僚のなかでもっとも高い、司空《しくう》、司徒《しと》、大尉《たいい》の三つのことで、いまでいう大臣にあたる。

袁紹《えんしょう》は名家出身なので、いわば生まれたときから出世が約束されていた。有力な宦官《かんがん》の養子の子にあたる曹操《そうそう》とは幼馴染《おさななじみ》だったが、袁紹は何よりも宦官を嫌っていたので、内心は曹操のこともばかにしていたようだ。これが、のちに最大の敵となる背景にあったのかもしれない。

首都の治安維持を担当する司隷校尉《しれいこうい》という役職に就いた。これは政権中枢に影響力を与えることのできるポストで、皇帝の外戚《がいせき》として実権を握った何進《かしん》に、宦官撲滅を進言したのは、袁紹だった。何進の企みが宦官側に漏れ、逆に何進が殺されてしまうと、袁紹は宮中に乗り込んで、宦官を殺しまくった。宮廷の混乱から皇帝が逃げ、それを助けた董卓《とうたく》が実権を握ると、袁紹は、しばらくは董卓に仕えていた。だが、董卓が皇帝を廃位しようとした時点で見限り、反董卓の立場となる。やがて190年に、曹操も参加した反董卓連合軍が結成されると、名門出身ということもあり、そのリーダーとなった。

ここまではよかったが、袁紹にリーダーとしての人望がなく、連合軍は瓦解。武将たちは各地に散り、勢力の拡大を始めた。群雄割拠《ぐんゆうかっきょ》の時代の到来である。

191年、冀州《きしゅう》を支配下に置いたのを皮切りに、北方四州を支配した。曹操が皇帝を奉じたのに対し、皇帝をまったく無視した。これは、袁家が名門だったので、曹操とは違って皇帝の権威など必要としなかったという説もある。

河北《かほく》平定を目指す曹操とは、いずれは雌雄《しゆう》を決しなければならず、200年、官渡《かんと》の戦いを迎えるが大敗。その2年後に病死してしまった。

負けた原因のひとつに、息子たちが不出来だったことがあるとの解釈もある。四つの州をそれぞれ息子たちに担当させていたのだが、なかでも長男が無能だった。そのため、三男を後継者にしようと考えたことで、派閥抗争が起きてしまう。後継者問題は、家を潰す最大の原因なのである。

「三国志演義」での悪役は曹操だが、その曹操に負けた者も、その多くが悪役として語られている。袁紹などその代表で、無能な人のような印象が強いが、治世者としては有能だったようで、袁家が滅びた後も、慕う民は多かったという。

袁術《えんじゅつ》――同じ一族の袁紹と敵味方になった事情とは？
（?～199）

字《あざな》は公路《こうろ》。袁紹の弟となっているが、実際は従弟《いとこ》だったらしい。いずれにしろ、名家、袁一族の出身。途中まで袁紹と行動をともにしていたが、やがて仲違いし、犬猿の仲となる。

理由は、二人とも、自分が天下をとりたかったからであろう。北方を固めた袁紹に対し、袁術は南方の南陽《なんよう》に拠点を置いた。袁術に南陽を与えたのは、孫権の父である孫堅《そんけん》だった。また、北方で袁紹と敵対していた公孫瓚《こうそんさん》も袁術と組んだ。敵の敵は味方、という図式である。二人とも、袁術の名声を利用していたとも考えられる。

だが、名家の出ではあっても、袁術は袁紹よりももっと人望がなく、みなから嫌われていた。ケチで自分のことしか考えず、民衆からも重税を課したので嫌われた。

袁術は彼なりの戦略を立てていた。彼にとって最大の敵は、身内の袁紹である。まず、その袁紹を、北の公孫瓚と戦わせるように仕向けた。そして、南陽のさらに南の荊州《けいしゅう》にいる劉表《りゅうひょう》には孫堅をぶつける。そして自分は北上し、袁紹を公孫瓚と挟み撃ちにする、という戦略である。

ところが、頼みにしていた孫堅が、戦死してしまう。袁術は南からの補給路を断たれたかたちとなった。そこを見逃さなかったのが、曹操《そうそう》である。曹操は、袁術を攻め、徹底的に叩きのめす。

袁術は命こそ助かったが、もはや天下を狙う立場ではなかった。

しかし、それでもくじけない。孫堅が殺された後、息子の孫策《そんさく》が持っていた皇帝の印である玉璽《ぎょくじ》を騙し取り、自ら皇帝を名乗ってしまう。だが、誰もその権威を認めなかった。

曹操に追い詰められ、呂布《りょふ》と手を結ぼうとして、子ども同士の結婚を申し込むが断られる。それならば、と呂布に攻撃を仕掛けるが、撃破され、敗走。最後の手段として、仲の悪かった袁紹を頼る。反曹操という点では一致したのだ。だが、曹操との戦いに向かう途上、突然、病死してしまう。

あとを追うように袁紹も死に、その後は息子たちが後継をめぐって内部分裂、名門の袁家は滅びてしまう。

名家の出身とはいえ、五代目ともなると、あまりできがよくなかったらしく、袁紹、袁術の二人は、悪役としてのみ歴史に残ったのである。

呂布《りょふ》――本当に大悪人だったのか？

?～198

字《あざな》は奉先《ほうせん》。

豪傑である。ともかく、強い。剣も弓も達人だったし、腕力もすごい。

最初は丁原《ていげん》の養子だったが、対立していた董卓《とうたく》にそそのかされ、丁原を殺してしまう。次はその董卓の養子となるが、王允《おういん》の連環《れんかん》の計にひっかかり、董卓を殺してしまう（48～49頁参照）。こうして、義理とはいえ、二人の父を裏切って殺したことが、あとあとまでたたる。誰も信用してくれなくなってしまうのだ。

呂布《りょふ》は個人としても強かったが、兵を率いるリーダーとしても有能だった。そのため、呂布が加わる陣営は、強くなる。誰もが敵にまわしたくない。といって、味方にしても、常に心からは信用されない。結果的に、そこにいられなくなり、裏切るかたちとなって、またよそへ、というのを繰り返した。

董卓を殺したはいいが、そそのかした王允が、あっさり倒されてしまったので、都を追われることになる。最初は袁紹《えんしょう》のもとに行くが、そこも追われ、徐州《じょしゅう》の牧《ぼく》をしていた時代の劉備《りゅうび》のもとにいたこともある。だが、劉備と呂布が組むと強大な敵になると恐れた曹操《そうそう》の謀略にひっかかり、劉備を裏切ってしまう。

その劉備が、曹操と組んでしまい、下邳《かひ》の戦いで、部下にも裏切られ、ついに敗北。曹操軍に捕えられ、処刑されてしまう（131頁参照）。

乱世を生き抜くには、これぐらいしたたかでなければならない。だが、呂布は武力に優れているだけで、政権を握るための戦略が何もないため、天下を取ることはできないまま、終わった。しかし、もし、彼が最終的な覇者になっていれば、それまでの行動もすべて、正当化されたであろう。悪人かそうでないかは、ようするに勝ったものが正しく、負ければ悪い、となるのが歴史の定めということが、よく分かるキャラクターである。

この呂布が乗っていた愛馬が赤兎《せきと》という。「三国志」の動物キャラクターとしてもっとも人気が高い。その名のとおり、全身が炭火のように赤く、全長一丈（約2・3メートル）、高さ八尺（約184センチ）。一日に1000里を駆け、水上を走ることさえできたという伝説が残っている。かなりフィクションが交じっているが、こういう名馬が実在したことは確かなようだ。

呂布が処刑されると、赤兎は曹操のものとなったが、のちに曹操はこの馬を関羽《かんう》に与えた。

司馬懿《しばい》——最後の勝者になれた本当の「決め手」は？

197〜251

字《あざな》は仲達《ちゅうたつ》。魏《ぎ》の曹操《そうそう》に仕え、その死後も魏のために尽くした、曹操の後半生での参謀。そして、魏を倒した晋《しん》の実質的創始者ともいえる。いわば、「三国志」の最後の勝利者である。

名門の生まれで、八人兄弟のひとり。八人はいずれも秀才で知られた。劉備《りゅうび》が諸葛孔明《しょかつこうめい》のもとを訪ねたのは三回だが、曹操から仕官するようにと呼び出しがあったのに、一度目は病気を理由に断り、二度目に招聘されたとき、ようやく仕官した。なかなかの策略家であった。

若い頃は、自分から仕掛けるタイプで、孫権《そんけん》をそそのかして関羽《かんう》を討たせるように仕向けたのも、司馬懿だった。だが、その智謀も、諸葛孔明には敵《かな》わなかった。そのため、以後は慎重になる。それが、結果的に五度にわたる孔明の北伐《ほくばつ》をしのぐことにつながった。耐えて耐えて、勝ちはしないが負けない、という戦いをしたのである。

孔明の死後もその幻影に脅え、「死せる孔明、生ける仲達を走らす」という言葉が残っているほどだ。

曹操の死後も、後継者となった曹丕《そうひ》とは気が合い、魏帝国の建国に尽くした。遼東半島に燕《えん》帝国ができると、それを討伐しに出かけ、成功。軍事的にも貢献し、政権内部での地位を揺るぎないものにした。

曹丕が若くして死ぬと、司馬懿はその子の曹叡《そうえい》にも仕えたが、曹一族への忠誠もここまで。曹叡も亡くなったのちに帝位に就いた曹芳《そうほう》の代になると、政権内で長老となっていたので若い世代に煙たがれたこともあり、一度は事実上、失脚する。

しかし、司馬懿は諦めなかった。じっとして機会をうかがい、いざというタイミングを捉え、クーデターを起こし、政権を握ったのである。

こうして、魏帝国を支配した司馬懿は、あとを二人の息子に託して亡くなる。息子の司馬師《しばし》と司馬昭《しばしょう》は、反対勢力を次々と失脚させ、司馬一族の権力を万全なものに整えて行く。そして、ついに司馬懿の孫にあたる司馬炎《しばえん》の代になって、魏の皇帝に退位を迫り、新たな王朝、晋を建国した。

司馬懿は、死後、晋の初代皇帝として、宣帝《せんてい》と諡《おくりな》された。

諸葛孔明との戦いによって忍耐を覚えたことが、最後の勝利につながったともいえるのである。

「正史」の「三国志」は、この晋の時代に書かれたものである。執筆した陳寿《ちんじゅ》はもとは蜀《しょく》に仕えていた人物。個人的には諸葛孔明に好意を寄せていたと思われるが、「三国志」では必要以上に、孔明に対して冷淡に書かれている。孔明は晋の創始者の司馬懿にとって不倶戴天《ふぐたいてん》の敵だったので、それを配慮したのではないかと解釈されている。

第三章

運命を決めた
10大決戦の大疑問

「三国志」は戦争に次ぐ戦争のドラマだ。前半は曹操が天下の半分を手にするまでの戦い、中盤から、曹操、孫権、劉備の三陣営の三つ巴の戦いだ。大量の兵士同士の集団戦もあれば、持久戦、謀略戦もあるし、ひとりの武将が大活躍する戦いもある。

何をもって十大決戦と呼ぶかは難しいが、戦いそのものがおもしろいもの、その結果が歴史に大きな影響を与えたもの、といった基準で、これだけは知っておきたい決戦を選んだ。順番は、戦いの起きた順である。「三国志」全体のなかでの位置付けは、第一章と照らし合わせてほしい。

また、それぞれの戦いを、最後にスポーツニュース風に解説してみた。

汜水関《しすいかん》の戦い――劉備、関羽、張飛のデビュー戦、さて彼らの成績は？

190年／董卓軍 VS 反董卓連合軍／引き分け

董卓《とうたく》の横暴を許せないとして立ち上がった反董卓連合軍。リーダーは袁紹《えんしょう》。先陣を切ったのは孫堅《そんけん》。洛陽《らくよう》の東、汜水関《しすいかん》へ向かい進軍した。ここを制圧できれば、洛陽への攻撃の拠点となる。董卓はそれを迎え撃つため、華雄《かゆう》に五万の兵を預け出陣させた。

孫堅の陣営には猛将《もうしょう》が何人もいたので、果敢に戦い、勝てる寸前までいく。ところが、孫堅が援軍を頼んだのに、袁紹は送らない。そのまま孫堅が勝ってしまい、洛陽に攻め入り、董卓を倒してしまうのを危惧したのだ。それでは、自分の出番がなくなってしまうと考えたのだ。袁紹とはそういう男だった。孫堅軍は四将のうちの一人が孫堅の身代わりとなって死ぬなど、大きな痛手を受け、敗北する。

これで完全に反董卓連合軍はしらけてしまった。袁紹が「華雄に挑む者はいないのか」といっても誰も手を挙げない。と、思いきや、そこに立ち上がった大男がいた。関羽《かんう》である。

だが、袁紹は関羽の身分が単なる一兵士でしかないことを知ると軽蔑し、お前などに何ができる、という態度をとった。曹操《そうそう》が仲をとって、「やらせてみて、負けて戻ってきたら、責めればいい」といったので、関羽の出陣は認められた。関羽は「もし負けて帰ってきたら、私の首を切ってくれ」と豪語して馬にまたがり、単身、敵の陣に突っ込んでいった。

しばらくたって、関羽は戻ってきた。その手には、華雄の首があった。

華雄の死を知った董卓は、呂布《りょふ》に出陣を命じ、汜水の西にある虎牢関《ころうかん》を固めることにした。華雄軍を倒し、勢いに乗って攻める連合軍だが、呂布の前に次々と倒される。だが、その呂布に敢然と立ち向かった男がいた。張飛《ちょうひ》である。長い矛《ぼう》で呂布と一対一で渡り合う。そこに、関羽もやってきて加勢するのだが、決着がつかない。それを見て、劉備もやってくる。劉備は雌雄《しゆう》二振《ふたふ》りの剣で戦う。

さすがに一対三となってはかなわないと、呂布は名馬、赤兎馬《せきとば》で逃げることにした。引き分けである。虎牢関の戦いそのものも、董卓軍と連合軍の引き分けに終わった。

この戦いは、関羽と張飛の鮮烈なデビュー戦として有名なのだが、残念ながら史実にはない、フィクションのようだ。劉備たちが連合軍にいたことは事実だが、呂布と戦った記録は何もない。

「三国志」のストーリー展開上は、ここにおいて、劉備、関羽、張飛の三人が歴史の前線に登場する場面であり、また後の曹操と関羽の関係の伏線にもなっている。また、悪役としての呂布の強さ、孫権の父である孫堅の強さと悲劇性も印象づけられる。

観戦レポート

全体の戦いは凡戦だった。だが、個々の武将たちの奮闘ぶりには見るべきものがあり、今後の活躍が楽しみな人物が多く登場した。

兗州《えんしゅう》争奪戦――休戦せざるをえなかったある事情とは?

194年／呂布VS曹操／引き分け

兗州《えんしゅう》は中国の中心部にあたる。平地が多く生産力が高く、人口も多い。都の洛陽《らくよう》にも近いので、昔から戦争の多い地域だった。ここが、曹操《そうそう》の本拠地だった。

その東隣の徐州《じょしゅう》は陶謙《とうけん》の支配下にあった。193年、陶謙に父を殺された曹操は、復讐のため挙兵し、大軍を率いて徐州に攻め込んだ。戦力的には圧倒的に曹操のほうが勝《まさ》り、陶謙軍は万単位の死者を出し、その死体のせいで川の流れが止まったほどだった。ところが、陶謙はねばった。やがて持久戦となり、そうなると攻める曹操のほうが、兵糧が不足しだす。曹操はやむなく、退却した。

翌年、再び曹操は徐州に進軍した。今度は兵糧も十分に備えていた。またも怒涛《どとう》のように進軍する曹操軍。勝利は目前と思われた。ところが、そのとき、留守を守っていたはずの部下が裏切り、こともあろうに呂布《りょふ》を迎え入れ、曹操への謀反《むほん》を起こしたのである。

これを知って、兗州各地で曹操に対する反乱が起き始める。陶謙を攻めるどころではない。曹操は兗州に戻った。

裏切ったのは、曹操が挙兵したときからの盟友でもあった張邈《ちょうばく》と、軍師の陳宮《ちんきゅう》だった。謀反を企てたのは、陳宮である。もともと野心家でもあった彼は、曹操を操り、天下の実権を握ろうと考えていた。ところが、曹操がとても自分が操れるような人間ではないと分かった。また、自分よりも荀彧《じゅんいく》を重んじるようになったことにも、不満を抱いていた。そこに呂布が現れた。単純な呂布であれば操ることができると考え、曹操を裏切ることにしたのだ。

一方、張邈は、呂布との仲を曹操に疑われているとの疑心暗鬼にかられていた。そんなところに陳宮からの誘いがあったので、つい乗ってしまったのだ。

徐州から兵を引き戻した曹操軍と、呂布軍との決戦が始まった。ところが、意外なかたちで休戦を迎える。イナゴの大群が襲来したのだ。農作物はことごとく食い荒らされてしまった。もはや戦争どころではない。

人間同士の争いは、こうして、自然の力によって休戦へと追い込まれたのである。

一方、兗州《えんしゅう》のクーデターのおかげで助かった徐州は、牧《ぼく》の陶謙が病に倒れてしまい、後を劉備《りゅうび》に託すとの遺言を残す。こうして、劉備は地位らしい地位を得るのであった。

これもまたイナゴのおかげである。天は劉備に味方していた。この戦いの勝利者は劉備だったといえる。

観戦レポート

野球でいえば、四回の裏あたりで雨がひどくなり、ノーゲームになったような戦いだ。また、戦いそのものよりも、曹操陣営の内部分裂のほうがおもしろいようでは困る。

下邳《かひ》の戦い──呂布最後の戦いの結果はどうなった？

198年／○曹操・劉備VS●呂布

「昨日の敵は今日の友」だったり、「昨日の友は今日の敵」だったりするのが、この時期である。裏切りに次ぐ裏切り。その中心に常にいたのが、呂布だった。これまでにも、義理の親子の縁を結んだ、丁原《ていげん》と董卓《とうたく》の二人を殺している。

その呂布が、イナゴの大群のおかげで休戦となった曹操《そうそう》との戦いの後、徐州《じょしゅう》の劉備《りゅうび》のもとに助けを求めてやってきた。敵（曹操）の敵（呂布）は味方、という言葉もあるが、劉備は呂布を迎え入れ、客将として厚遇することにした。いずれ曹操とは戦う日が来るだろうから、それに備えるためであった。

曹操の謀略により、劉備は袁術《えんじゅつ》と戦うことになる。袁術が徐州を狙っていると思い込んだのだ。劉備軍は出兵したが苦戦していた。すると、その留守の間に、呂布が裏切り、本拠地の下邳《かひ》を乗っ取ってしまった。「庇《ひさし》を貸して母屋《おもや》を取られる」とはこのことだった。これが第一段階である。

劉備は呂布との戦いは選ばず、降伏し、その軍門に下った。主客逆転である。

曹操への恨みから、呂布は今度は袁術と同盟を組もうと接近する。劉備はその間に曹操を頼ることにして、向かう。曹操の陣営では、この際、劉備を殺してしまったほうがいいと進言する者がいたが、英雄・豪傑が好きな曹操は、器の大きいところを示し、劉備一行を迎え入れる。

こうして劉備は曹操の客将となり、198年、徐州《じょしゅう》奪還のため、曹操とともに呂布と戦う。

曹操・劉備軍は、徐州に攻め入ると、勢いに乗って、本拠地の下邳まで到達する。呂布は籠城《ろうじょう》をしいられた。これが、曹操の戦略だった。呂布は豪傑であり、平地での戦いでは自ら先頭に立つので、強い。だが、籠城には弱いと見たのだ。

曹操はさらに、堰《せき》を切って、下邳を水攻めにした。呂布軍もふんばり、三ヵ月は持ちこたえたが、兵士たちの士気は衰えてしまった。

呂布自身の気力も萎えていた。すでに、籠城に入る前に曹操からの使者がきて、「命は取らないから降伏しろ」と勧められたときの迷いをひきずっていたのだ。そのときは、かつて曹操の側近でクーデターを起こし呂布の参謀になっていた陳宮《ちんきゅう》が、曹操の性格からして、呂布は許しても自分は殺すだろうと考え、徹底抗戦を進言し、呂布は悩みながらも、それに従ったという経緯があった。

だが、もはや徹底抗戦派は陳宮だけだった。降伏に傾いていた呂軍の他の武将たちが陳宮を捕え、そのまま投降《とうこう》した。呂布は孤立無援となり、降伏以外の道はなかった。

捕えられても、呂布はまだ生きようとした。曹操の前に縛られたまま連れてこられると、呂布は「縄がきつすぎる」と文句を言った。曹操は「虎を縛るのだから、きつくて当然だ」と応じた。呂布は、しめた、と思ってこう言った。

「あなたの恐れる私がこうやって捕らわれの身となったわけだから、もはや天下に憂《うれ》えるものはないはず。私に騎兵をお預けになれば、あなたのために天下平定してみせよう」

曹操は、一瞬、「そうしようか」と思った。これまでにも昨日までの敵を許し味方にしてきたことが何度もあった。だが、隣にいた劉備が言った。「呂布が丁原《ていげん》や董卓《とうたく》と親子の縁を結びながらも、どのような行動に出たかを、お忘れになったのか」

そうだった。曹操は冷静になり、呂布の処刑を決めた。刑場に連れて行かれる呂布は「劉備こそ、油断も隙もない男だ」と叫んだ。

「下邳の戦い」は、「三国志」前半の最重要人物、呂布の最後の戦いだった。戦略上は、籠城に追い込み、また地形を利用して水攻めにした点が語られる戦いだが、それ以上に「三国志」の物語上での位置付けは大きい。裏切りに次ぐ裏切りの人生を送り、二度の親殺しという悪名を着せられた稀代《きだい》の悪人、呂布の最期だからだ。呂布がここで勝っていれば、あるいは、もっと早く降伏し、処刑されなければ、また別の評価が下されていたことだろう。裏切り続けているのは、呂布だけではなく、劉備もなかなかのものだし、曹操も同じだった。「勝てば官軍」という言葉があるように、歴史は常に勝利者の視点から描かれる。そんなことを考えさせられる、呂布の最期の場面である。

観戦レポート

水攻めなどスケールの大きな戦いだった。戦後処理も名場面であった。

官渡《かんと》の戦い――兵力10分の1の曹操が勝てたのはいったいなぜ？

２００年／○曹操 VS ●袁紹

日本史でも、西暦１６００年という区切りのいい年に、天下分け目の大決戦、関ヶ原の役が起きているが、中国史では、西暦２００年の官渡《かんと》の戦いが、同じように天下分け目の決戦となる。長年にわたり睨み合っていた曹操と袁紹《えんしょう》とがついに激突するのである。

共闘して呂布《りょふ》を倒すまでは、劉備《りゅうび》と曹操は仲がよかったわけだが、その後、劉備は後漢の献帝《けんてい》の舅《しゅうと》が企てた曹操暗殺計画にかかわり、それがばれそうになると、曹操のもとから逃げ、袁紹の陣に加わっていた。

官渡の戦いは、この劉備を討伐するという名目で始まった。側近たちが止めるのも聞かずに、曹操自らが劉備討伐のため出陣したのである。かつて自ら出陣した際、その留守を呂布によって狙われたが、今度も劉備を討伐しているあいだに袁紹軍が本拠地を襲う恐れがあった。だが、曹操は袁紹にはそのような度胸がないことを見抜いていた。

劉備軍は曹操率いる大軍にひとたまりもなく、あっけなく敗北。劉備は袁紹のもとに逃げた。その際、妻子を置き去りにしてしまい、曹操側に捕らわれてしまう。関羽《かんう》もまた曹操の捕虜《ほりょ》となってしまった。

ここにきて、ようやく袁紹は出陣する。その兵力は七十万、対する曹操軍は七万、と「演義」にはあるが、実際は袁紹軍は十万程度、曹操軍は一万くらいだった。いずれにしろ、袁紹軍は、曹操軍の十倍だったらしい。普通なら、袁紹軍の圧勝のはずだが、結果は逆だった。

官渡は、河南《かなん》地方の要衝《ようしょう》で、黄河《こうが》の南にある。袁紹は黄河の北を領地としており、対する曹操は黄河の南から、進軍した。まず、白馬《はくば》で曹操軍が負ける。だが、この戦いで袁紹軍の勇将たちが戦死してしまう。

白馬から撤退した曹操軍は、延津にあった拠点も捨てて官渡に立てこもった。持久戦にもっていこうとしたのである。攻撃する袁紹軍は高い櫓《やぐら》を組み、その上から矢を雨のように降らせる。すると曹操軍は、テコの原理で大きな石を飛ばす投石器で櫓を破壊する。さらには、トンネルを作っての攻撃など、いまでいうハイテク戦が展開される。

持久戦に持ち込むまでは作戦通りだったが、それもかなりの長期戦となってくると、食糧も乏しくなってきて、さすがの曹操も、講和を考える。だが、それを参謀の荀彧《じゅんいく》が

■官渡の戦い

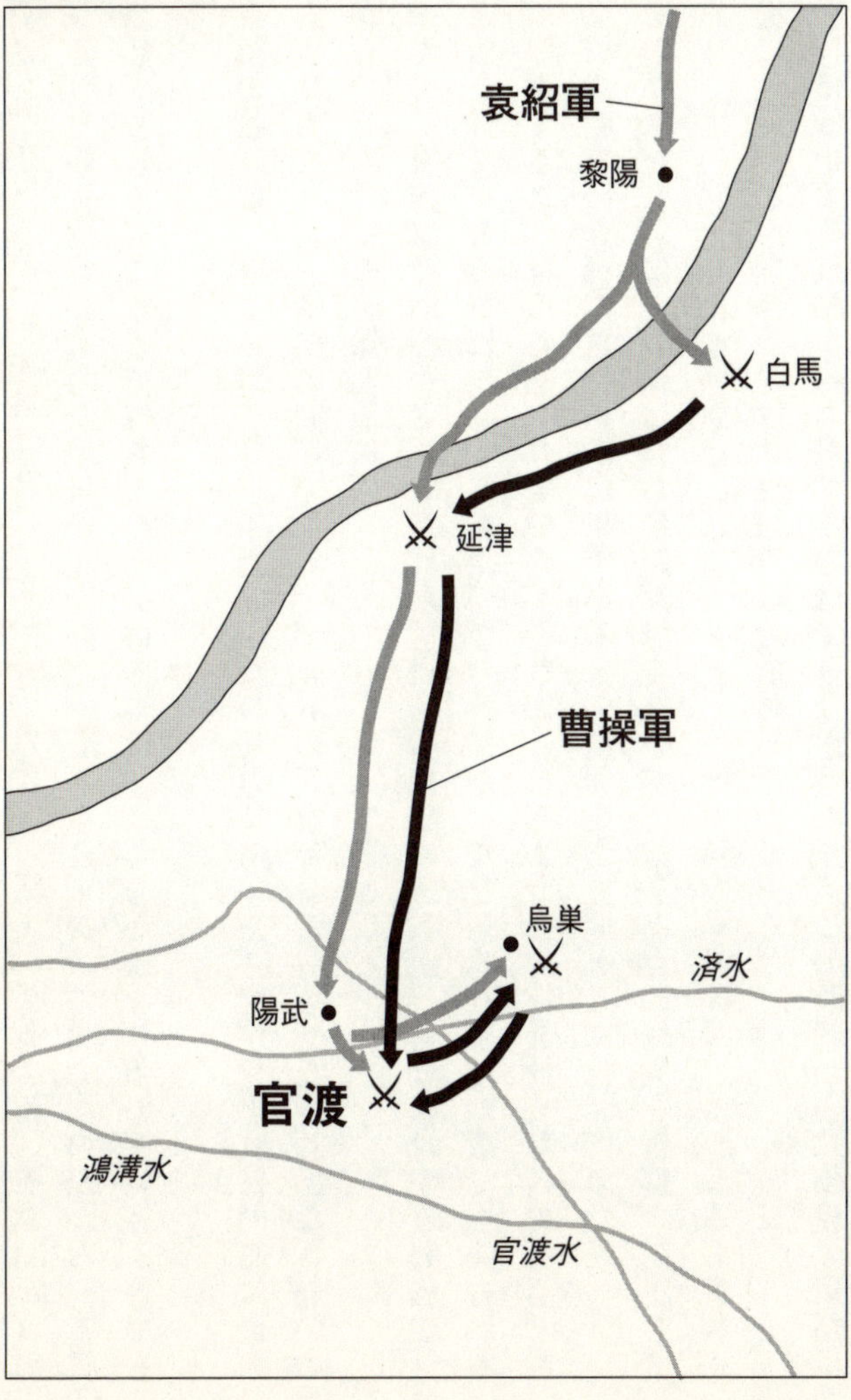
袁紹軍
黎陽
白馬
延津
曹操軍
烏巣
済水
陽武
官渡
鴻溝水
官渡水

諫める、「至弱《しじゃく》を以って至強《しきょう》にあたっているのだから、苦しいのは当然。転機はいずれ訪れる」という内容の有名な手紙が届くのだ。もともと十対一の兵力なのだから、苦戦は当然。むしろ、これまで持ちこたえているのは、こちらがかなり強いということでもある。

袁紹の強みは、何といっても、圧倒的な数の兵力にあった。だが、それは同時に最大の弱点にもなった。補給の問題である。十万もの兵を毎日食べさせなければならないのだから、その食糧の確保と輸送は、とんでもない大事業となる。

やがて、曹操軍に朗報がもたらされた。袁紹の参謀の一人が、自分に対する評価が低いと腹を立て、曹操軍に投降してきたのだ。曹操が、たとえ昨日までの敵でも能力があれば厚遇することは広く知られていた。それが、このような危機を救ったのである。参謀は、袁紹軍の食糧輸送拠点が烏巣《うそう》であるとの情報をお土産として持ってきた。

その情報をもとに、曹操は自ら精鋭部隊を率いて、輸送拠点の烏巣を奇襲。制圧してしまう。この知らせは袁紹軍に動揺をもたらし、「もはやこれまで」と、二人の武将が曹操に投降。これをきっかけに袁紹軍は総崩れしたのである。

曹操は敗走する袁紹を打ち殺すことはできなかったが、この敗戦から二年後、袁紹は失意のうちに亡くなった。

観戦レポート

天下分け目の戦いというので、大乱戦を期待していたが、戦いらしい戦いは最初だけで、中盤からは凡戦だった。中国の戦いは持久戦が多く、どうしても長くなる。その間の駆け引きや謀略が勝敗を決めるという特徴が、この戦いでも見られた。日本の関ヶ原の戦いのほうが試合として考えればおもしろかった。

長坂坡《ちょうはんぱ》の戦い——張飛の大活躍はどこまで史実なのか？

２０８年／○曹操 VS ●劉備

官渡《かんと》の戦いでは袁紹《えんしょう》側に属していた劉備は、曹操と戦うためには荊州《けいしゅう》の劉表《りゅうひょう》と同盟を組むべきと袁紹に進言し、自らその使者となり、南へ向かった。一方、曹操の捕虜となりながらも厚遇されていた関羽《かんう》は、劉備のもとに帰ることを許され、劉備の妻子とともに、劉備と合流した。

こうして劉備は、袁紹軍の敗北の巻き添えとならず、生き延びた。その劉備は、荊州で客将として迎えられていた。

劉備の担当は荊州の北部の守りであった。曹操が攻めてくるとしたら北からである。最初に衝突する重要な任務であった。だが、曹操が河北《かほく》平定に忙しく攻めてこなかったので、劉備は「髀肉《ひにく》の嘆《たん》」（215頁参照）をするほど、暇だった。そして、このあいだに諸葛孔明《しょかつこうめい》と出会う。

曹操はとりあえずは黄河の北側、かつて袁紹が支配していた地の制圧に専念していた。袁紹の死後、その子たちが内紛を繰り返していたのに乗じて、次々と城を落としていったのである。その間、黄河南の東側は孫権《そんけん》が地盤を固めており、西は劉表が一種の独立国として、持ちこたえていた。

だが、河北平定が終わり、いよいよ曹操の南下が始まる。

曹操にとって幸運なことに、南下を始めた途端、相手の劉表が病死した。劉表の後継者は溺愛されていた末っ子の劉琮《りゅうそう》だった。後継者争いで敗れた長男の劉琦《りゅうき》は、身の危険も感じ、地方の郡の太守《たいしゅ》になった。劉備はこの長男の劉琦と親しかった。そのため、劉琮は劉備をあまりよく思っていなかった。

曹操軍が攻めてくると、劉琮はあっさりと降伏することを決めた。勝てない、と思ったのだ。諸葛孔明はこの機会に、劉表を襲い荊州を乗っ取るべきだと進言したが、この案を「同族を討つことはできない」と劉備は斥《しりぞ》ける。曹操軍は近づいている。劉備は、新野《しんや》から、南の樊城《はんじょう》に移動し、そこからさらに南の江陵《こうりょう》に向かうことにした。江陵は物資の集結地でここを制圧できれば、曹操とも対抗できると踏んだのだ。劉備軍は曹操軍に追われるようにして、南下した。

この劉備の戦略は、予期せぬことで失敗に終わる。劉琮の降伏に納得できない荊州の民が次々と劉備軍に参加してきたのだ。彼らは曹操に支配されることを望んでいなかった。もはや、頼れるのは劉備しかいない。その数、十数万。そんな大人数をともなっての移動は速度が遅くなる。幕臣たちは反対したが、劉備は「頼ってくる人々を見捨てられるか」と、ついてくることを許す。

かくして劉備軍は超大所帯となり、のろのろと進軍した。

曹操は劉備の目的地が江陵だと見抜いた。そこを制圧されると、あとあとやっかいなことになるので、断固、阻止しなければならない。曹操は、騎馬部隊五千人に劉備追撃を命じた。

徒歩で進む十数万と、馬で駆ける五千人。この競争の勝負はやる前から決まっていた。

坂が何里にもわたって続く、その名も長坂坡《ちょうはんば》で、ついに曹操軍は、劉備軍を捕えた。もともと兵士ではない荊州の民間人たちは、ひとたまりもない。劉備軍の兵たちも次々と倒れていく。劉備自身、妻子のこともかまわず、一人で逃げるのが精一杯という大敗北に終わった。

置き去りにされた劉備の妻子は、趙雲《ちょううん》の活躍で助かった。敵の真っ只中にいる夫人と子を、単身で助け出したのである。このとき、ひとり、敵陣のなかに向かう趙雲を見て、「裏切った」と思った者が劉備にそう伝えるが、「趙雲はそんな男ではない」と叱りつけたというエピソードも残っている。

そして、ここで大活躍するのが、劉備の義兄弟、張飛《ちょうひ》だった。

劉備軍のしんがりを努めたのが、張飛。このとき、張飛は、わずか二十騎しか従えていない。押し寄せる曹操の大軍。主君である劉備が橋を渡るのを見届けると、張飛は橋を落とし、「俺が張飛だ。死んでもいい奴はこっちへ渡ってこい」と天地が裂けるほどの大声で怒鳴った。曹操軍の兵士は誰一人、一歩も動けなかったのである。

このエピソードは、誇張して伝わり、張飛の大声で橋が落ちたという説もあるほど。曹操軍が追撃を諦めたのは、張飛一人に脅えたというよりも、そんな少ない人数でしんがりをつとめるはずがなく、どこかに多くの伏兵が潜んでいる罠だと思ったからしい。

いずれにしろ、敗戦ではあったが、張飛にとっては一世一代の名場面を与えられた戦いであった。

観戦レポート

五点差で迎えた九回裏に四点入れ、結局は負けたのだけれど、なぜか勝ったような印象、そんな戦いであった。「明日につながる負け方」とはこのようなものなのだろう。

赤壁《せきへき》の戦い――勝敗を分けたのは「風向き」だったというのは本当？

208年／○孫権・劉備VS●曹操

「三国志」をまともに読んだことのない人でも、名前くらいは知っているのが「赤壁の戦い」であろう。もっとも大規模な戦いで、戦死者の数も多い。

曹操軍は劉備が狙っていた江陵《こうりょう》を制圧した。こうして長江《ちょうこう》の要所をおさえると、さらに長江を下り、陸口《りくこう》を目指した。陸口は水陸の交通の要《かなめ》だった。

敗走した劉備は夏口《かこう》でとりあえず落ち着き、戦略の建て直しをはかった。単独で曹操軍と戦うのは、もはや不可能だった。劉備は孫権《そんけん》と同盟を結ぶことを決め、諸葛孔明《しょかつこうめい》が使者として孫権のもとに出向き交渉、同盟が成立した。

曹操軍は、制圧した荊州《けいしゅう》の兵も編入され、その数、二十万に達していた。対する孫権・劉備連合軍は五万でしかないが、もともと孫権の呉《ご》は水軍の強さでここまできたような国だった。それに対して北での戦いに明け暮れていた曹操は、騎馬部隊での戦いが得意で、水軍での本格的な戦いには慣れていない。さらに戦いは長期化しており、兵たちは疲労していた。

そんな背景のもと、両軍は、長江の南岸、赤壁でついに対峙した。

序盤の小競り合いでは、霧のために曹操軍が方向を見失い、孫権・劉備連合軍が勝ち、陸口を制圧した。曹操はうかつに挑発に乗ると不利とみて、睨み合ったままの持久戦に突入した。

曹操軍は長江に船を並べ、それを岸に連結させ、水上の大要塞を築いていた。船が揺れて船酔いする兵が多かったので、つなげることで揺れを少なくしていた。これが、致命的な失敗につながる。さらに、疫病がはやりだし、南の孫権軍の兵たちには免疫があ

■赤壁の戦い

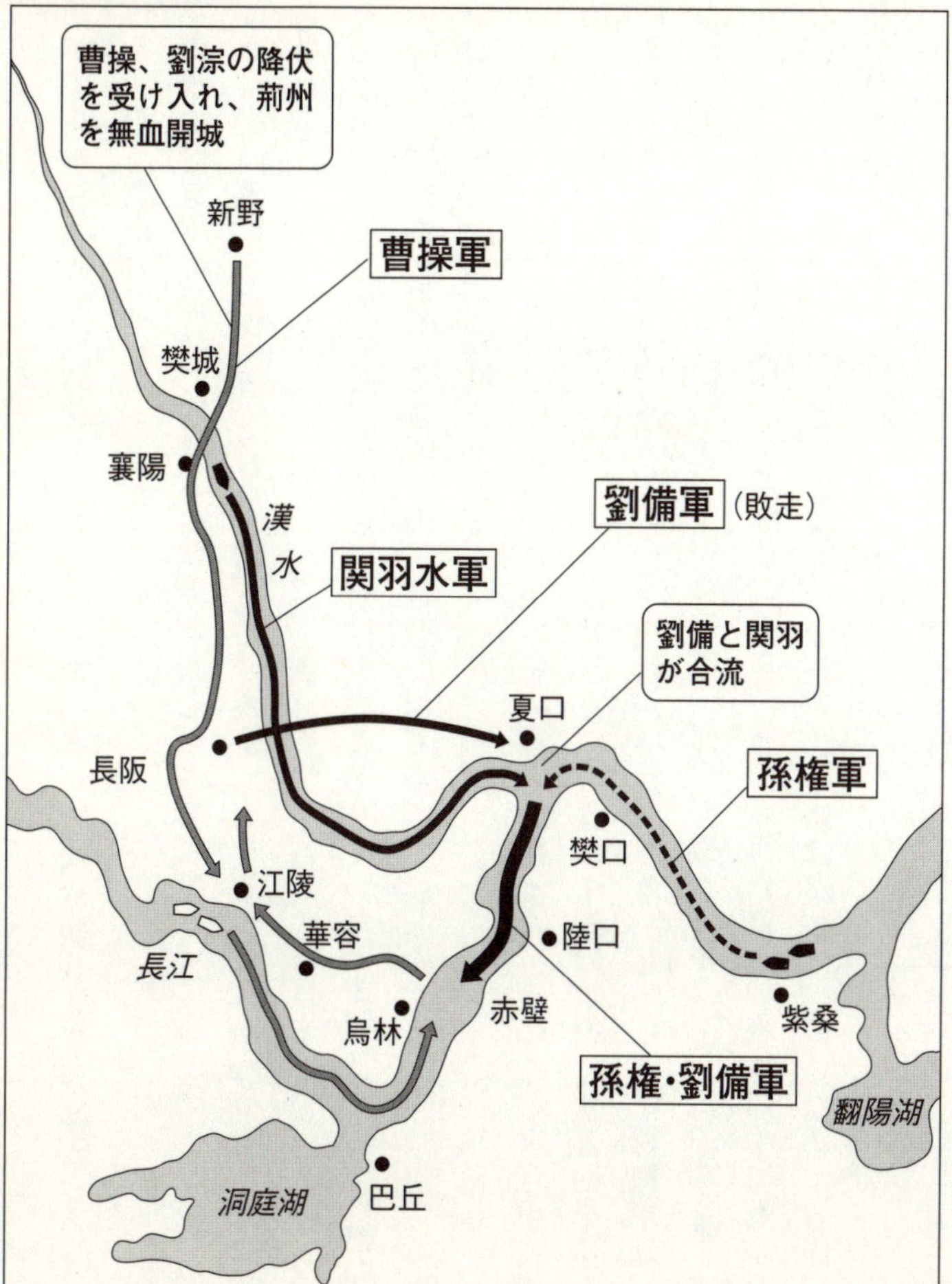
曹操、劉琮の降伏を受け入れ、荊州を無血開城
新野
曹操軍
樊城
襄陽
漢水
劉備軍（敗走）
関羽水軍
劉備と関羽が合流
夏口
長阪
孫権軍
樊口
江陵
華容
陸口
長江
烏林
赤壁
紫桑
孫権・劉備軍
翻陽湖
洞庭湖
巴丘

ったが、北からの曹操軍の兵士たちにはそれがなく、病に倒れる兵が多かった。だが、もはや、引くに引けない。

孫権軍の参謀、周瑜《しゅうゆ》は、曹操軍の船が密集し、さらに繋がっていることから、焼き討ちすれば、一瞬にして壊滅できると考えた。たが、火を放つにはかなり近づかなければならない。

そのころ、孫権軍の老将、黄蓋《こうがい》が密かに曹操と通じていた。「折りをみて投降したい」というのだ。最初は疑った曹操だが、これを信じることにした。

だが、これが周瑜の謀略だった。

十二月だったが、その日は快晴で日中は暑いくらいだった。夜になると、東南の激しい風が吹き出す。周瑜は、今夜だ、と決断した。黄蓋は十艘の軍船に薪と油を積み、長江を進み、曹操軍に近づいた。そして、全員が「投降する」と叫んだ。曹操軍は、かねてからそのときがくるのを知っていたので、何の警戒もせず、黄蓋の船を進ませた。火「今だ」と黄蓋が点火を命じると、船は炎上、そのまま曹操軍の真っ只中に進んだ。火だるまとなった船が水面の要塞を襲う。それぞれの船は繋がれていたため、自由に動くことができない。次々と燃えるだけであった。

兵たちは次々と焼け死ぬか、河に飛び込み、溺れ死ぬかだった。

その火は岸にあった曹操軍の陣営にまで延焼。曹操は誇っていた水面の要塞が燃え上がるのに呆然とする間もなく、ひたすら逃げた。

その逃避行《とうひこう》は四日に及び、沼にはまり命を落としそうになるなど、散々な目にあい、まさに命からがら、江陵《こうりょう》に辿りついたのであった。

こうして、曹操の河南制圧の野望は潰えたのである。

なお、この赤壁の戦いで、諸葛孔明が東南の風を吹かせるなどの大活躍をしたかのように「演義」では描かれているが、史実としては、孔明はこの戦いには、まったくかかわっていない。

観戦レポート

魏《ぎ》水軍が燃え上がるのは、見ていて鳥肌が立つほどの凄まじさであった。これが戦争というものなのか。曹操の敗因としては、慣れない水軍を率いようとしたのが、そもそもの間違いだったようだ。また、相手側から寝返ってきたものを迎え入れる性格も、この場合、裏目に出た。ホームとアウェイという差も大きく、長期のロードを強いられた日程も曹操に不利に働いた。

帝軍山《ていぐんさん》の戦い——老人の黄忠が本当に勝利の決め手だったのか？

２１９年／○劉備 VS ●曹操

蜀《しょく》の五虎《ごこ》将軍のひとり、黄忠《こうちゅう》の最大の戦功がこの帝軍山《ていぐんさん》の戦いで、曹操軍の夏侯淵《かこうえん》を倒したことである。これが決め手となり、劉備軍は勝利するわけだが、そこに至るまでを降り返ってみよう。

孫権《そんけん》と劉備の同盟は、荊州《けいしゅう》の支配権を巡り、いったん瓦解《がかい》するが、荊州の東と西を分けることで合意に達する。だが、両者の間には、わだかまりが残っていた。

一方、孫権は曹操とも和解し、臣下となることを宣言した。こうして、曹操と孫権とは、とりあえず敵対関係ではなくなった。曹操にとって、残る敵は劉備だけである。

曹操は、２１５年に劉備の支配する蜀《しょく》の北にある漢中《かんちゅう》に進軍し、これを制圧した。そのまま蜀に攻め入ろうとすればできたのだが、後を夏侯淵と張部《ちょうこう》に託し、都に帰ってしまう。

劉備としても、戦略上、漢中を手に入れたい。少なくとも敵の手にあるのは困る。そこで、まず、張飛《ちょうひ》に命じて、張郃の守る巴西《はせい》を攻めた。砦《とりで》にこもり、出てこない張郃にてこずった張飛は、毎日酒を飲み、酔っ払って相手を油断させた。ついに張郃が誘いにのって夜襲をしかけてきたので、それを待ち伏せ、撃退、砦の奪取にも成功する。

劉備は帝軍山に本格的な陣を張った。曹操軍も帝軍山を取り囲むような陣を敷いた。指揮をとるのは、曹操の従兄弟でもある夏侯淵。張郃よりもはるかに手強い相手である。

砦を失った張郃は、あやうく打ち首になるところだったが、もう一度、チャンスを与えられ、劉備軍を攻める。反撃に出るための劉備軍の軍議では、勝つためには、張飛《ちょうひ》に行ってもらうしかない、と決まりかかる。ところが、それに待ったをかける老人がいた。黄忠である。「ぜひ、私に行かせてください」という。諸葛孔明《しょかつこうめい》は「そのお年では難しいのでは」となだめるが、「ぜひ、私に」と言ってきかない。そこで、副将として厳顔《げんがん》をつけることで、黄忠に出陣命令が下った。厳顔もまたかなりの高齢だったが、この老人コンビが大活躍して、張郃を倒す。

勢いづく黄忠は、今度もまた手柄を立てようと張り切っている。だが、孔明は、「今度はもっと強い相手なので、関羽《かんう》でないと相手にならないだろう」と言う。黄忠は、それに抵抗する。「年といっても、まだ七十になっていない。まだまだ戦える。そんなに言うのなら、今度は副将もいらない。一人で戦ってみせる」。そこまで言うならまかせてみよう、とまたも黄忠に出陣命令が出された。

これは、黄忠を発奮させ、普段以上の力を出させようとする諸葛孔明の計算だった。孔明の狙いはあたり、黄忠は大奮闘する。プロ野球で引退間際のベテラン選手が優勝を決める一戦に代打で出て、ホームランを打つようなものかもしれない。つまり、この一戦は、諸葛孔明の人材登用術のうまさを象徴するものだった。

黄忠は主力部隊とは離れ、伏兵《ふくへい》としての役割が与えられた。夜になると、劉備軍の主力は山を下った。夏侯淵の陣営は帝軍山を取り囲むように長い柵を築いていたので、その東側を夜襲し、火攻めを仕掛けたのだ。陣営の東側を守っていたのは張郃、南側に夏侯淵がいた。東側が敵の夜襲を受けているとの報告を受けた夏侯淵は、張郃にまかせたのでは危ないと思い、援護に向かった。そこに、伏兵として潜んでいた黄忠の部隊が突入してくる。まさに、奇襲である。夏侯淵の陣営は混乱し、分断された。

両軍入り乱れての白兵戦《はくへいせん》となり、黄忠は夏侯淵と一対一で戦い、見事、その首をとったのであった。

曹操率いる大軍が到着したのは、その直後だった。劉備は籠城作戦をとり、それは二ヵ月に及んだ。遠くから攻めてくる大軍にとって、長期戦は補給の問題が生じる。曹操軍は二十万人もいたので兵糧《ひょうろう》が尽き、ついに曹操は撤退を決断。漢中は劉備のものとなったのである。曹操が死ぬのは、その翌年であった。

観戦レポート

曹操の最大の失敗は、最初に漢中を制した時点で、そのまま劉備を追討しなかったことであろう。明日の先発投手をリリーフに出してでも勝ちにいくべき試合で、兵力を温存しようとしたようなものだ。翌日には、相手側は気持ちを入れ替え、また体力も蓄えて、新たな体制で戦いに臨めるので、勝てる試合では、徹底的に相手を打ちのめさなければならない。高齢になり、さすがの曹操も弱気になっていたのだろうか。また、大軍を率いての遠征での補給の問題は、中国で天下統一をするにあたり、永遠のテーマであることを、改めて印象づけた。

樊城《はんじょう》の戦い――関羽の敗北は自業自得といわれるワケは？

219年／○孫権・曹操VS●劉備（関羽）

劉備《りゅうび》の蜀《しょく》と孫権《そんけん》の呉《ご》の間に位置するのが、荊州《けいしゅう》であり、それをめぐり両者は争ったが、東西に分割することで、落着していた。その荊州西側の全権を劉備からまかされていたのが、関羽《かんう》だった。大出世といっていい。だが、長年一緒にいた劉備と関羽が、距離的に離れてしまうことも意味する人事だった。関羽には劉備政権の中枢からはずれてしまったという思いがあったかもしれない。そこに、帝軍山《ていぐんさん》の戦いでの戦功から、黄忠《こうちゅう》が将軍になったという人事が発表された。関羽は黄忠を老人だとばかにしていたので、自分と同格の将軍になったことがおもしろくなかった。それならば、俺はもっと働いてやる、とライバル心を燃やしたのである。

関羽は、荊州から北上し、曹操《そうそう》の戦略拠点である樊城《はんじょう》を一気に攻めた。樊城を守っているのは、曹操の従兄弟でもある曹仁《そうじん》。折りからの大雨で、曹操が派遣した援軍の于禁《うきん》は立ち往生する。また、樊城そのものが水没の危機にあった。天候を見越していた関羽軍は船を用意していたので、魏《ぎ》軍を船上から攻撃、于禁を捕え、投降を進めるが断ったので斬る。

快進撃を続ける関羽。このまま魏の都の許都《きょと》までも行けそうだった。だが、ここに例によって補給の問題が生じていた。

一方、その関羽のもとに孫権《そんけん》から、縁談の申し出があった。

関羽の最大の任務は、「天下三分の計」という蜀の基本戦略上、孫権との関係を維持することにあった。曹操と孫権の双方を敵に回しては、とても勝ち目はない。とりあえずは孫権と同盟関係を維持するというのが、諸葛孔明の立てた戦略である。そのため、劉備は孫権の妹と結婚し、姻戚関係も結んでいた。そして今度は、孫権のほうから、自分の息子と関羽の娘を結婚させるのはどうかとの申し出がきたのである。孫権としても、関係を強化したがっていたのである。ところが、これを関羽は断ってしまう。これが、孫権を激怒させた。

補給がうまくいかず、米が乏しくなったので、関羽は呉の領土の田から、無断で米を奪ってしまった。国境協定違反である。孫権は、関羽と戦う大義名分を得た。

関羽は荊州を留守にするにあたり、呉への警戒から、備えを固めるように部下に命じていた。ところが、呉側で、荊州を守っていた将軍、呂蒙《りょもう》が病気を理由に離任、そのかわりに、若く無名の陸遜《りくそん》が就任した。これは、孫権の謀略だった。陸孫など恐れる必要はないと判断した関羽は、荊州を守っていた予備兵を、樊城に向かわせた。

ほぼ空《から》同然の荊州に、病気だったはずの呂蒙が進撃した。守っていた関羽の部下は、補給に失敗したことを関羽から叱責され、「首を洗って待っていろ」と言われていたので、関羽が無事に戻れば処刑されると思い、呉に寝返ってしまった。こうして、荊州は呉の手に落ちた。関羽は帰るところがなくなってしまう。

それを見て、形勢を立て直した魏軍が北から南下してくる。樊城を包囲していた関羽は、北からの魏軍と、南からの呉軍に挟み撃ちされてしまった。敵地で孤立した関羽は援軍を求めるが、なかなかこない。要請を受けた蜀の武将たちは、関羽と仲が悪く、それぞれの持ち場を離れるわけにはいかないとの口実で、兵を出さなかったのだ。

関羽は樊城から撤退。江陵《こうりょう》を目指すがそこも呉軍の手に落ちていると知り、麦城《ばくじょう》という小さな城に向かう。そこでも奮戦するが、時間稼ぎしかできず、麦城を脱出してしばらく行ったところで、待ち伏せしていた呉軍に捕えられ、斬られてしまった。

「三国志」主要人物の最初の死であった。

劉備は関羽と荊州を失い、諸葛孔明の壮大な戦略は、瓦解し始めていた。

観戦レポート

これはまさに、関羽個人の戦いであった。攻めるときの強さは、関羽最後の戦いにふさわしいものだった。そして、自らの性格が招いた言動がもとで、同盟軍からも味方からも、部下からも裏切られ孤立し、敗北した。関羽は個人戦の時代のヒーローであり、組織戦でその長として戦う器ではなかったのかもしれない。名選手が必ずしも名監督ではない例はいくらでもあるが、関羽もまたその一人だといえよう。

夷陵《いりょう》の戦い――劉備の仇討ちはどこでしくじった？

222年／○孫権 VS ●劉備

義兄弟の関羽《かんう》が孫権《そんけん》軍によって殺されてしまったことで、劉備《りゅうび》は仇討ちを決意した。その出陣を何よりも喜んでいた張飛《ちょうひ》も、開戦直前に部下に殺されてしまう。劉備は、いまふうにいえば、完全にキレていた。開戦直前、呉《ご》からは関係修復のための書状が届いており、蜀《しょく》にとってかなり有利な条件だったので、諸葛孔明《しょかつこうめい》をはじめとする参謀たちが戦争に反対した。だが、「損得ではない。関羽の弔《とむら》い合戦をするのだ」と劉備は制止を振り切って、出撃した。

孫権は、劉備との和解を諦めた。こうなったからには、魏《ぎ》との関係を強化するしかない。曹操《そうそう》の死後、帝国となっていた魏に対し、臣従を誓い、主従関係を結んだのである。こうなれば、呉が攻撃された際、魏には助ける義務が生じる。日米安保条約みたいなものである。

劉備の軍勢は、最初の交戦地である巫城《ふじょう》で勝利すると、快進撃を続けた。荊州《けいしゅう》の入り口である夷陵《いりょう》を目指し、長江の南側を山に沿って進み、一定の間隔のところに仮設の城を築き、補給路を確保していった。迎え撃つ呉軍の司令官は陸遜《りくそん》である。陸遜は、味方から無能なのではないかと噂が立つほど、ずるずると後退を続け、ついに夷陵まで下がってしまった。

だが、これこそが陸遜の戦略であった。蜀軍は、二百キロにわたる長い陣となっていた。これまでの失敗から補給路の確保をするために、逆に長大な陣となってしまったのだ。

夷陵に到達した劉備を陸遜が待ち構えていた。しかし、攻めてこない。劉備も、しばらく様子を見ることにした。睨み合いが始まった。ところが、それは四カ月もの長期にわたってしまった。決戦の火蓋を切ったのは、陸遜だった。夜、急襲し火攻めしたのである。長期にわたる睨み合いで、蜀軍が疲労し、油断するのを待っていたのだった。

蜀軍の陣営が次々と燃え落ちる。別働隊が退路を遮断。劉備は何が起こったのかも分からないまま、逃げることになった。完敗である。

数万の兵を失い、ごく少数の供だけを従えて、蜀の領土に辿りつき、白帝城《はくていじょう》にこもった劉備は病に倒れ、そのまま都である成都《せいと》に帰ることもなく、亡くなった。

観戦レポート

補給路がないと勝てない。補給路を確保しようとすれば、陣が長くなり、敵の攻撃を受ける個所を増やすことになる。敵地で戦うことの困難さを、この戦いでもまた思い知らされたことになる。

五丈原《ごじょうげん》の戦い——長期戦のために孔明がとった大作戦とは？

234年／魏（司馬懿）VS●蜀（諸葛孔明）

劉備《りゅうび》亡き後、その夢である漢王朝の復興による天下統一を実現させるべく、諸葛孔明《しょかつこうめい》は奮闘した。夷陵《いりょう》の戦いでの大敗で国力も衰えていたので、産業を復興させ、国家そのものの立て直しから手をつけなければならなかった。その一方で、南方の異民族たちの反乱の鎮圧にも出向いた。

そして、五年後の227年、諸葛孔明は、ようやく宿願である魏《ぎ》討伐を開始する。これを孔明の「北伐《ほくばつ》」といい、第五次までおこなわれた。つまり、四回は失敗に終わったのである。では最後の五回目はどうだったか。

敵陣に攻めていく場合の最大の問題は、いうまでもなく補給である。孔明が立てた戦略は漸進《ぜんしん》戦法であった。魏の領土を少しずつ制圧し、蜀《しょく》の支配化に置き、後方を固めた上で、次に進むのである。次に進んだところで勝てば、また進めばいいし、負けてもすでに制圧したところに戻り、立て直せばいい。長期戦になることは覚悟の上での戦法であった。

諸葛孔明は出発にあたり、劉備の息子で二代目の皇帝となっていた劉禅《りゅうぜん》に「出師《すいし》の表」を上書した。これは悲壮感漂う内容のもので、これを聞いた将たちは涙し、一致団結して戦う決意を新たにしたという。

だが、北伐は四回とも失敗に終わった。やはり、補給が常に敗因のひとつとなっていた。第四次から三年たった234年、諸葛孔明はついに第五次北伐を決断した。迎え撃つ魏軍の大将軍は司馬懿《しばい》。

両軍が対峙したのは、五丈原《ごじょうげん》だった。ここは台地でひょうたんのような形をしていた。ひょうたんの首にあたる狭い部分が五丈しかないのでこの名がつけられていたわけだが、孔明が本陣を置いたのは、この部分だった。孔明が従える軍勢は、六万あまり。

一方の魏軍は、三倍近い一六万から一七万の兵がいた。台地の下には川が流れており、その川を背にして、司馬懿は砦《とりで》を築いた。魏軍が攻めるには、台地を上っていかなければならず、上で待ち構えている蜀軍に狙われやすい。といって、蜀軍が攻め下り、両軍が激突すれば、兵力に圧倒的な差があるので、苦戦は必至である。どちらも、動けなくなった。

例によって、持久戦となったのである。となれば、ホームで戦う魏のほうが、アウェイで戦う蜀よりも有利である。

諸葛孔明も、これまでの敗戦でいやというほど、補給については分かっていた。物資の輸送を楽にするためのさまざまな道具も開発してきたが、いずれも決定的な解決にはならなかった。そこで孔明が考えたのは、兵糧を自国から運んでくるのではなく、敵地で開墾し、食糧を「作る」ことだった。そのための屯田《とんでん》（土地を開墾して田にすること）が実行に移された。これが秘策だったのだ。

その一方で孔明は、何度も司馬懿を挑発し、戦闘に持ち込もうとしていたが、待てば待つほど優位に立つ司馬懿は挑発に乗らなかった。

対峙しているあいだ、両軍の間には使者のやりとりがなされていたが、あるとき、司馬懿は蜀の使者に孔明の日常生活について質問した。すると使者は、主がいかによく働くかを得意げに説明した。「朝早くに起き、眠るのは夜中です。杖打《じょうう》ち二〇回以上の刑の裁決は自らおこない、処刑にも必ず立ち合います。食事は少ししかとりません」

これを聞いて、司馬懿は「そんな生活ではからだがもたないのではないか」と見抜いた。事実、孔明の体力は限界にきていた。

四月に挙兵し、五丈原に陣を敷いてから四ヶ月たった八月、諸葛孔明は陣中で亡くなってしまうのである。五四歳だった。いまでいう過労死だろう。

孔明は、自分の死後、どのように撤退するかを具体的に細かく指示してあった。そのなかには、自分の姿に似せた人形を作っておくように、というものもあった。

孔明の死を察知した魏の司馬懿は、攻撃を命じた。ところが、死んだはずの孔明がいた。司馬懿は慌《あわ》てて、兵を引いた。実は、人形だったのである。

孔明の死を察知し、攻撃を仕掛けてきた魏軍はこのように翻弄され、蜀軍は無事に撤退できたのである。五丈原の近くに住む人々は、「死せる孔明、生ける仲達《ちゅうたつ》を走らす」と語りあい、この言葉は今も有名だ（仲達とは司馬懿の字《あざな》）。

観戦レポート

事実上、「三国志」最後の決戦といえる孔明の北伐第五回戦だったが、戦いとしては凡戦に終わった。蜀軍の不戦敗といえよう。観客の言葉が有名なのは、逆に決戦そのものに見るべきものがあまりないことを物語る。

第四章

気になる戦略、計略、謀略…
15の大疑問

白兵戦《はくへいせん》や武将同士の一対一の勝負の名場面も数多くあるが、「三国志」での戦争は、謀略戦が多い。懐柔《かいじゅう》、裏切り、主君殺し、見せかけの恭順《きょうじゅん》など、さまざまな謀略が描かれる。体育会系の戦いのドラマのように見えて、オタクたちの間で人気があるのも、そこに理由がありそうだ。この章では、代表的な戦略、謀略、計略を紹介する。なかには実際のビジネスでも使えそうなものもあるが、こんなことを本当にしたら、嫌われるので注意しよう。

天下三分《てんかさんぶん》の計《けい》――どこをどうやって三つに分ける?

諸葛孔明《しょかつこうめい》が、劉備《りゅうび》玄徳に初めて会ったときに唱えた戦略が「天下三分《てんかさんぶん》の計《けい》」である。以後、劉備と諸葛孔明はこの基本戦略に沿って行動することになり、ひいては中国全体を動かすことになる。いわば、「三国志」全体のテーマともいうべきもの。

劉備と孔明が会った時点では、中国で圧倒的な勢力を誇っていたのは、曹操《そうそう》である。長江《ちょうこう》の北側、中国全土のほぼ半分は曹操が制圧していた。それに対抗する大きな勢力としては、長江の南側の東部を制圧している孫権《そんけん》がいるくらいだった。劉備には領土もない。客将の身の上でしかない。

そこで、どうするか。天下統一は、とりあえず諦める。だが、このままでは曹操の天下だ。それを防ぐためには、天下を三つに分ける。ひとつは曹操が支配する河北《かほく》。二つ目は、孫権が支配している長江南の東側。残っているのは、長江の南の西側である益州《えきしゅう》と荊州《けいしゅう》である。益州の劉璋《りゅうしょう》の政治は民の評判がよくないし、荊州の劉表《りゅうひょう》は病気でそう長くない。荊州を手に入れ、それから益州に侵攻し、国を興す。さらに、西方や南方の異民族も味方にし、地盤を固める。隣の孫権とは同盟を結んでおく。こうして、天下をまず三つに分け、三国鼎立《ていりつ》を実現し、力を蓄える。

その後、曹操と戦い、天下統一を実現する。

何とも壮大な計画である。まだ会社もないのに、その業界のトップに立ち、市場を独占するための計画を練るようなものだ。

これに対し、孫権の参謀だった周瑜《しゅうゆ》は、「天下二分の計」を唱えていた。彼は劉備のことなど眼中にしていなかったので、河北はとりあえず曹操のものとして、河南全土を支配し、天下を二つに分け、それから最終決戦に挑み、曹操を倒すという戦略を立てた。

だが、この戦略は周瑜が若くして死んでしまったために頓挫《とんざ》し、諸葛孔明を得た劉備が、孫権の前に立ちはだかるのだった。

結果的に天下三分となったので、諸葛孔明は名戦略家として後世に残ったのである。

連環《れんかん》の計①——悲劇のヒロイン貂蝉はその後、どうなった?

「連環」とはその字のとおり、輪をつなぐ意味である。さて、どういう計略なのか。

董卓《とうたく》が権力をほしいままにし、これをどうにか倒したいと思っていた王允《おういん》が考え出したのが、この計略だ。

董卓を倒すには、その義理の息子で豪傑の呂布《りょふ》をまず倒さなければならない。いつもそばにいるからだ。だが、呂布に敵《かな》うような豪傑はいない。そこで、発想を変えて、二人の仲を引き裂くことにした。父子とはいえ、義理の関係。さらに、呂布はその前にも義理の父を裏切っている。

そこで、王允が考えたのが、女を使うことだった。

このあたりまでは実際にあった話らしい。結果的に呂布は董卓を裏切って殺してしまうわけで、その理由として一人の女性を争ったからだと伝えられている。その話をもとに大胆にフィクション化され、貂蟬《ちょうせん》というヒロインが創作された。以下はフィクションとしてのお話だ。

王允のもとには歌舞団の美しい娘、貂蟬が養われていた。主《あるじ》の王允の悩みを知った貂蟬は自らが犠牲になることを決意し、その旨を伝える。王允は深く感謝し、策略を練る。まず、呂布と貂蟬を引き合わせた。あまりの美しさに、呂布は一目惚れする。貂蟬は呂布を好きになったふりをする。王允の計らいで、貂蟬は呂布の側室《そくしつ》になることが決まる。呂布は貂蟬が屋敷にくるのを何日も待っているのだが、なかなかこない。王允を問い質すと、何と董卓が無理矢理に連れて行き側室にしてしまったという。呂布は激怒して董卓の屋敷に行き、貂蟬と会う。彼女は泣きじゃくり、「本当はあなたが好きなのに、無理矢理に連れてこられたのです」という。

呂布は前後の見境がなくなってしまい、そこに、王允がクーデターを誘いかけると、董卓憎しの思いにこりかたまっていたので、あっさりと承諾。

かくして、呂布は董卓を暗殺、王允のクーデターは成功した。だが、その王允の天下も、ごく短期間で終わる。王允は殺され、呂布はかろうじて都を脱出。その後の運命が二転三転するのは、ご存じのとおり。

では、貂蝉はどうなったか。

「演義」では、その後、貂蝉は死ぬまで呂布のもとで暮らしたことになっているが、吉川英治の「三国志」では、董卓の死を見届けると自殺してしまう。このほうがより悲劇性は高い。

離間《りかん》の計——相手の陣中に疑心暗鬼を起こさせる方法とは?

曹操《そうそう》があやうく負けそうになった戦いで、敵側を分裂させることで、勝利を掴《つか》んだことがある。赤壁《せきへき》の戦いで負け、形勢を立て直すための一環として、漢中《かんちゅう》の張魯《ちょうろ》を討伐する遠征の途中、曹操は、馬超《ばちょう》と韓遂《かんすい》の連合軍と衝突したのだ。

この時代、敵と味方の組み合わせは、ころころと変わっている。今は仲がよくても、数年前までは戦っていた場合もあるし、その逆もある。馬超と韓遂の間にも過去にいろいろとあった。もともと、馬超の父が韓遂と義兄弟の間柄だったのが、敵になってしまい、馬超の母は韓遂に殺されていた。この二人が同盟を組んだのは、曹操という共通の巨大な敵が出現したからであった。ところが、曹操と韓遂とは、昔からの知り合いでもあった。

曹操の参謀、夏詡《かく》は、こうした過去のいきさつを熟知した上で、「離間《りかん》の計」を考え出した。馬超に、韓遂が密かに曹操と通じていると思い込ませようというものだ。

苦戦を強いられていた曹操軍は、馬超・韓遂連合軍から和議が提案されていたのを逆手にとり、韓遂との一対一の話し合いを求め、二人は互いの陣営から馬を進めて二人だけで話すことになった。ところが、曹操は昔話をするだけで、和議にはいっさいふれなかった。

韓遂が曹操と二人だけで話していたと部下から聞いた馬超は、「何を話したのか」と問い質す。韓遂としては、「たいした話は出なかった。昔話をしただけだ」と答えるしかない。実際にそうだからだ。だが、その答えに馬超はかえって疑いをもつ。「きっと、俺には言えない話をしていたに違いない」と。

それからしばらくして、曹操から韓遂に書状が届いた。韓遂のもとに曹操から手紙が届いたことは、当然、馬超の耳にも入る。韓遂は、もともと隠すつもりもないので、それを馬超に見せた。ところが、それには書き直したあとがたくさんある。「さては、自分に知られては都合の悪い部分を消して書き直したに違いない」と馬超は思い込んだ。実は、曹操は、その手紙を馬超も見ると想定し、わざとあちこちを間違え、それを消して書き直した手紙を出したのだった。

こうして、馬超は韓遂のことが完全に信じられなくなり、口論から、韓遂の片腕を斬り落としてしまうのだった。曹操は、二人が仲違いしたと察知すると、総攻撃をかけ、敵の混乱に乗じて、勝利したのである。

この計略、反間《はんかん》の計ともいう。

氷城《ひょうじょう》の計——本当に一夜で城ができたのか？

豊臣秀吉の若い頃の成功談のひとつに、墨俣《すのまた》の一夜城《いちやじょう》の話がある。信長も驚くほどの短期間に城を建てた話である。秀吉の人脈の豊富さや人の動かし方のうまさを象徴するエピソードだが、もちろん、実際には一晩で城ができたわけではない。

「三国志」にも、一夜で城ができた話がある。こういう話はどこの国も好きなのだろう。曹操《そうそう》が、馬超《ばちょう》と韓遂《かんすい》の連合軍と戦ったときのエピソードだ。曹操軍は、渭水《いすい》という大河の川岸に陣を敷いた。そこを、毎晩のように、馬超軍が夜襲を仕掛けていた。対抗するために、曹操軍は土塁《どるい》を積んで壁をつくったり、堀を掘るのだが、できかけたところを襲われたり、洪水にあったりして、なかなか強固な壁ができない。川岸の土なので小石まじりで、壁にするには脆《もろ》いことも、影響した。

困っていた曹操のもとに、ひとりの隠居老人、夢梅《むばい》が現れ、策を授ける。季節は冬だった。夢梅は、築いた土塁に水を打て、と教えたのである。突貫工事で土塁が積み上げられると、曹操は、水をかけるように命じた。すると、朝になると、すべて凍っていた。脆いはずの土塁は、氷で固められ、強固な城砦となったのである。

二虎競食《にこきょうしょく》の計――どこまでビジネスに応用できる？

劉備《りゅうび》のもとに呂布《りょふ》が逃げ込んだという知らせは、曹操《そうそう》を驚愕させた。この二人が組むと、かなり強そうだ。どうにかしなければならない。プロ野球のペナントレースにたとえれば、首位にいる巨人としては、阪神と中日が激しい二位争いをし星のつぶしあいをしている、というような状況が望ましいわけだが、実際の社会では、そう都合よく、二位と三位が争ってくれるとは限らない。

そのときに曹操の参謀、荀彧《じゅんいく》が提案したのが、この「二虎競食《にこきょうしょく》の計」。

空腹の二匹の虎がいる。そこに、エサとなるものを投げ込めば、二匹は争ってそれを奪い合う。どちらかが死ぬまでその戦いは続き、勝ったほうもまた傷だらけである。満身創痍《まんしんそうい》となった虎を討つのは簡単だ。こうすれば、二匹の虎の皮を得ることができる。これが、二虎競食の計である。

これを、劉備と呂布に応用しろ、というのである。この二人を争わせ、どちらかが相手を倒して勝てば、曹操にとっての敵は一人になる。しかも、その残った一人もかなり弱体化しているだろう。どっちが勝っても、曹操にとって都合がいい。

だが、二人とも、反曹操という点で一致している。どうすれば、戦うか。

当時の劉備は徐州《じょしゅう》を支配していたが、それはあくまで実質的なもので、皇帝から正式に牧《ぼく》に任命されていたわけではなかった。そこで、曹操は皇帝の名のもとで、劉備を徐州の牧に正式に任命し、その一方で、密書を送り、呂布を討伐するようにという命令も出した。

劉備は、これを曹操の罠だと見抜き、呂布と協議し、戦うことはしなかった。

この計略は、あっさり見破られてしまったのである。皇帝の命令といっても、実際には曹操が出していることが劉備にバレていたのが、最大の理由。それに、この場合、エサが劉備にしか与えられていない。呂布にも、劉備を倒せば牧にする、というような誘いを出せば、単純な呂布は騙されたかもしれない。

駆虎呑狼《くこどんろう》の計——陣地を留守にさせることは可能なのか？

二虎競食《にこきょうしょく》の計があっさり失敗したので、次に荀彧《じゅんいく》が提案したのが、「駆虎呑狼《くこどんろう》の計」。

虎の前に豹が現れれば、虎は、穴を出て豹を追いかける。留守になった虎の穴を、狼が狙う。これを駆虎呑狼という。虎は劉備《りゅうび》、狼は呂布《りょふ》である。豹に選ばれたのが、南陽《なんよう》の袁術《えんじゅつ》だった。

まず、劉備には帝《みかど》からの勅使を出し「近頃、袁術が朝廷の命令に従わないので、これを討て」と正式な命令を出す。劉備の弱点のひとつが、皇帝の命令に逆らえない点だった。たとえ、現在の皇帝が曹操《そうそう》の傀儡《かいらい》に過ぎないと分かっていても、後漢王朝の末裔《まつえい》の一人として、皇帝の命令とあらば、動かざるをえない。

事実、劉備は悩んだ末、勅命である以上、南陽に向けて兵を出すことにした。留守を守ることになったのは、張飛《ちょうひ》。

一方、曹操は袁術に使者を出し、「劉備が南陽を討ち取りたいと帝に願い出た」と伝える。これで袁術は、劉備を迎え撃つ体制をとり、両者、激突となった。

一方、留守を守っていた張飛は酒に酔ってしまい、その隙に、荀彧の狙いどおり、呂布は裏切って徐州を乗っ取ってしまったのである。この作戦は見事、成功した。

虚誘掩殺《きょゆうえんさつ》の計――敵を誘い込んで倒す戦術の成功率は？

相手の裏をかく。これは戦いにおける基本中の基本といえる。だが、なかなか難しいのも事実。裏をかいたつもりが、さらにその裏をかかれる場合もある。

董卓側の武将の甥である張繡《ちょうしゅう》は、後に降伏して曹操《そうそう》の有力な武将のひとりとなるのだが、ある時期までは敵対していた。その張繡には、夏詡《かく》という参謀がいた。

これは曹操と張繡が戦ったときの、夏詡の計略だ。

曹操軍が押し寄せてきたので、張繡は南陽城《なんようじょう》に立て籠る策をとった。

曹操は、城を検分し、東南の角の城壁が脆くなっており、防備も手薄であることを見抜いた。

侵入するには、そこからがいい。だが、相手も自分の弱点は知っているだろうから警戒しているかもしれない。そこで、曹操は、西門の角に薪を積むなどして、西から攻めるふりをした。

夏詡は、曹操の計略を見破った。そこでとったのが、この虚誘掩殺《きょゆうえんさつ》の計。わざとその西門の警護を固めるよう指示した。その一方で、東南には、伏兵を忍ばせていたのである。

曹操は、張繡軍が西の防衛を強化したのを知ると、作戦が当たったと思い込んだ。すっかり相手の裏をかいたつもりになり、予定どおり、東南の城壁に向かった。

だが、そこには多くの伏兵が待ち構えていたので、曹操軍は撃退されてしまうのであった。

弱点を見せて敵を誘い込み、陣中に入ったところで、おおうようにして殺してしまう。これが、虚誘掩殺の計。相手が、曹操のような自信家の場合、とくに成功しやすいかもしれない。

苦肉《くにく》の計――どれくらい演技力が必要か？

「苦肉《くにく》の策」は苦し紛れに考え出した策のことをいうが、「苦肉の計」は、自分の肉体を苦しめて敵を欺く計略のことをいう。

赤壁《せきへき》の戦いでは、この苦肉の計によって、孫権《そんけん》軍は勝利したともいえる。

この赤壁の戦いでは、孫権の武将、黄蓋《こうがい》が曹操《そうそう》の水軍に近づき、船に火を放って全滅させたわけで、これを「火攻めの計」という。そして、それを成功に導くために用いられたのが、苦肉の計である。

曹操軍に、敵の黄蓋が近づけたのは、投降したいという連絡が事前にあったためである。曹操はこれを信じ、黄蓋の一軍がやってきても、迎え撃たずに通し、それが壊滅を導いた。

なぜ曹操は、敵の武将が「投降する」と言ったのを信用したのか。逆にいえば、どうやって黄蓋は、曹操に信じ込ませることができたのか。

孫権軍の参謀である周瑜《しゅうゆ》と黄蓋は曹操を倒すための作戦を練り、黄蓋が自ら犠牲になることを志願した。

孫権の軍に、曹操を裏切ってきたという武将がいた。彼らは実はスパイだったのだが、そんなことは見抜かれていた。孫権軍の軍議が開かれ、周瑜が攻撃の準備を始めるよう命令すると、黄蓋がそれに反対し、「勝てそうもないから犠牲の出る前に降伏するべきだ」と言った。その結果、黄蓋と周瑜は激しく言い争う。

周瑜はついに、「最高司令官である私の命令がきけないのか、一戦も交えぬうちに降伏とは部下に示しがつかない、斬れ」と処分を発表する。その場にいた者たちは、あまりの激しい口論に、誰も何も言えなかったが、さすがに長年の功労者である黄蓋の処刑だけは阻止せねばと思い、周瑜に思いとどまるよう説得する。周瑜も「そんなに言うのなら、杖《じょう》で百打ちの刑で許してやる」となった。とはいっても、高齢である黄蓋に対してはかなり厳しい刑である。へたをしたら、死んでしまうかもしれない。

だが、黄蓋はこの刑に耐えた。まさに、苦肉である。

それを見ていた曹操のスパイは、さっそく、このことを知らせる密書を出した。

黄蓋は信頼できる側近を、密かに曹操のもとに送り、「周瑜によって大勢の前で恥をかかされた、もう孫権軍にいるつもりはない、投降したい」と伝えたのである。

最初は疑った曹操だが、黄蓋が酷い目にあったことがスパイから伝えられると、黄蓋の投降を信用してしまった。

黄蓋の、自らの肉体をかけての一世一代の大芝居が、赤壁の戦いでの勝利をもたらしたのであった。

十面埋伏《じゅうめんまいふく》の計――かなり高度な戦術だが、本当に可能なのか？

曹操《そうそう》が袁紹《えんしょう》との倉亭《そうてい》の戦いで使った待ち伏せ戦術。

これは成功したから計略として語られるわけだが、ひとつ間違えば大敗北につながるものだった。

何事においても、頂点に達すれば、あとは下ってしまう。戦力も同じで、圧倒的に強いと思われる軍団も、頂点を過ぎれば、脆《もろ》い。油断もあれば、疲労もあるからだ。問題は、どこが頂点なのか、自分たちにも、そして敵にも分からないことだ。

そこで、相手をわざと頂点にもっていくようにさせ、それを超えたところで、一気に叩く、という戦法が、これだ。

曹操は、わざと後退をはじめ、黄河《こうが》を背にして陣を敷いた。まさに、背水《はいすい》の陣である。もう後方には逃げられない。

そこで、「ここで叩き潰してやろう」と袁紹軍は総攻撃を仕掛けた。この時点で、その戦力は頂点に達したのである。ところが、あまりの大軍が一気に攻めたため、指揮系列が乱れてしまう。そこに、十箇所に潜ませていた曹操軍の伏兵が襲いかかり、さらに混乱する。

こうして、大軍の袁紹軍は脆くなり、負けてしまったのだ。

連環《れんかん》の計②――簡単な罠に引っ掛かった曹操の不覚とは?

「三国志」には、連環《れんかん》の計が二つ登場する。ひとつは呂布《りょふ》がひっかかり董卓を殺してしまったときのものだが、もうひとつが、赤壁《せきへき》の戦いで曹操《そうそう》の大敗北につながるものだ。

河北《かほく》の平原での戦いに慣れていた曹操軍は、水軍を編成したものの、兵たちが船酔いをしてしまい、体力が衰えていた。そこに南方特有の伝染病もはやりだし、兵の健康問題の解決が急務となっていた。

そんなとき、曹操の前にその智謀が知られていた龐統《ほうとう》が現れる。彼は実は敵の孫権《そんけん》側についていたのだが、そんなそぶりは見せず、悩む曹操に、兵の船酔いを解決するための策として授けたのが、連環の計である。

船というものは、大きくなればなるほど、揺れは少ない。一艘ごとの小舟だと揺れが激しく、船酔いするわけだから、小さな船を大きな船に鎖でつないでいき、ひとつの巨大な船にしてしまえば、揺れが小さくなる。この計を、曹操はさっそく採用し、船と船をつなぐよう指示した。こうして、水上の大要塞は、より確固としたものになったのである。

ところが、これこそが、後の火攻めのための伏線《ふくせん》だった。火攻めをより効果的にするためには、船が密集していなければならない。すぐにバラバラに離れてしまえば、延焼して大火にならないからである。

そんな計画があるとも知らず、曹操は、船を鎖でつなぐ「連環の計」に満足していた。それがより大きな謀略だったと知るのは、火が放たれ、鎖でつながれているため、逃げることができず、水軍が全滅してしまったときだった。

十万本の矢――3日で集めるために諸葛孔明は何をした？

「三国志」の時代は、鉄砲はまだないので、飛び道具といえば、弓矢である。矢は消耗品だから、いくらあっても、足りない。

赤壁《せきへき》の戦いの直前のことである。劉備《りゅうび》と孫権《そんけん》の同盟が成立するわけだが、孫権は、劉備の使者としてきた孔明《こうめい》があまりに頭がいいのに恐れを抱いた。このまま孔明が劉備のもとにいたのでは、やがて巨大な敵になりそうだ。いまのうちに始末したい。だが、同盟を結んでいる以上、勝手に殺すことはできない。そこで、孔明に無理難題をふっかけ、わざと失敗させ、その責任をとらせて処刑しようとした。

このような背景があって、孔明は、十万本の矢を十日で用意するように依頼された。すると孔明は、「三日のうちに用意しましょう」と答える。何百人の鍛冶《かじ》がいたとしても、不可能な日数である。

だが、孔明は鍛冶を大量に雇ったわけではなかった。数百人の兵と二十艘《そう》あまりの船を借り、さらに藁《わら》人形をたくさん作らせた。そして、約束の三日目の前夜、霧がたちこめるなか、曹操《そうそう》軍の陣中に向かい、船を進ませたのである。急襲に驚いた曹操軍は、迎撃した。孔明が率いる船団に、矢が降りかかる。それらの矢は藁人形に突き刺さっていく。

ころあいをみて、孔明は船を撤退させた。それぞれの船に七千から八千の敵の矢が刺さっていた。合計して、十万以上。こうして、孔明は約束を果たしたのである。

種をあかせば、孔明は気象の知識に秀でており、三日後に霧がたちこめることを「予報」していたのであった。

いずれにしろ、矢を作るのではなく、敵に攻撃させて、自分のものにしてしまうという、逆転の発想の勝利だった。

空城《くうじょう》の計──人間心理をついた、大胆な計略とは？

これは「孫子《そんし》」の兵法のなかのひとつでもある。

ある意味では一か八かの博打みたいな計略で、人間心理の裏を突いたものだ。

魏《ぎ》への北伐に出たものの敗退した蜀《しょく》軍の一部は、蓄えていた食糧を移動させるために、西城《せいじょう》という城に立ち寄っていた。その数、わずか二千人。そこに、司馬懿《しばい》が率いる魏の大軍が押し寄せてくるという知らせが届く。このままでは全滅だ。だが、孔明は動じることなく、ある命令を下す。

魏の軍勢は、ついに西城の手前までやってきた。さあ、攻め込むぞ、と思ったが、意外なことに、城の門が開いたままだ。かがり火が燃え、門前には水がまかれている。まるで、「ようこそ、お越しくださいました」と出迎えているかのようだ。そして、どこからともなく、琴の音色が聞こえてくる。見ると、高楼《こうろう》の上で諸葛孔明《しょかつこうめい》自らが弾いているのだった。

司馬懿は「これは罠に違いない。攻め込んだところを、伏兵が待ち構えているのだろう」と思い込んでしまい、兵を撤退させた。こうして、襲撃されずにすんだ、というエピソードである。

どんなに厳重に鍵をかけても、空き巣に入られるときは入られる。その逆に、ドアを開け放しておけば、なかにひとがいると思って入られないかもしれない。それと同じである。

この場合は、まさに一か八かだが、孔明にはこの計略がうまくいくとの計算が成り立っていた。というのも、相手が司馬懿という策士だったからだ。

相手が単純な武将だったら、罠があるかもしれないと考えることもせずに突入したかもしれないが、自分自身が策士でもある司馬懿は、孔明ともあろうものが、罠を仕掛けていないはずがない、と思い込んだ。孔明はそこまで計算していたのである。

知恵者と知恵者の戦いならではの計略であった。

錦嚢《きんのう》の妙計《みょうけい》――味方を怒らせてどこまで敵をだませるか？

「三国志」の時代、携帯電話はもちろん、普通の電話も無線もなく、伝令の手段としては、人が馬に乗って走るしかない。こんな時代に離れている地にいる味方を遠隔操作して戦わせるのは不可能に近いのだが、それを可能にするのが、孔明《こうめい》の智謀であった。

この計は「空城《くうじょう》の計《けい》」のバリエーションなのだが、赤壁《せきへき》の戦いの後のエピソードである。諸葛孔明は襄陽《じょうよう》を守っていたが、その兵は一千に満たない。そこに、曹操《そうそう》が三十万の軍勢を率いて、近くの樊城《はんじょう》に攻めてきたとの報が入る。劉備《りゅうび》軍の主だった将軍たちは遠方にいて、近くにいるのは、結婚したばかりの張飛《ちょうひ》のみ。

孔明は、張飛に百騎を率いて樊城を守りに行ってくれと命じ、「ここに計略が記してあるから着いたら開けて見るように」と言って、錦《にしき》の袋を渡した。

樊城に着いた張飛は、少ない兵で大軍と戦うにはこれしかないと、空城の計を用いることにし、門を開け放ち、曹操軍を迎える。いざとなったら、孔明の授けた策に従えばいいと軽く思っていた。

しかし、曹操はこれが空城の計だと見抜き、「だまされないぞ」と進撃を命じた。敵が迫ってくるのを知った張飛は、慌てて錦の袋を開き、なかの紙を取り出すが、何と白紙だった。「孔明に騙された！」と張飛は大声を出した。

「わざと俺に空の城を守らせたんだな」と孔明を罵る張飛。そのあまりのすさまじさに、外で聞いていた曹操は、これ自体が罠だと勘違いし、攻撃を中止して、退却していった。

退却する曹操軍を見て、張飛とその妻は、ようやく、すべてが孔明の計略であったと悟り、喜ぶ。

短気で単純な張飛、疑い深い曹操、この二人の性格を熟知したうえでの計略だったわけだが、はたして、実際のところ、そんなにうまくいくかどうか。

七縦七擒《しちしょうしちきん》——抵抗する相手がなぜ心から服従する？

中国人イコール漢民族と思われがちだが、中国は多民族国家である。もちろん、漢民族はそのなかで人数も多く、中国全土を統一して支配した王朝の多くは漢民族によるものだ。例外的なのが、チンギス・ハーンの元帝国である。

「三国志」の後半、諸葛孔明《しょかつこうめい》は、魏《ぎ》を倒す前に、蜀《しょく》の南部、いまのベトナムに、異民族の討伐に出かけた。背後をしっかり固めてからでなければ、魏との決戦を安心して戦えないからである。

こうして、南部の密林地帯に蜀の軍勢は進軍していった。

南方には数多くの異民族がいた。ひとつひとつは少数だが、それが反・蜀で団結するようになった。

リーダーは孟獲《もうかく》といった。孔明は苦戦した。ゲリラ戦を強いられ、また南方特有の風土病に兵が倒れたり、自然も相手にしなければならなかった。このあたりは、20世紀のベトナム戦争で苦戦したアメリカ軍と同じだ。

だが、最後は圧倒的に兵力でまさる蜀軍が勝利した。この点は、イラク戦争でアメリカが勝ったのと同じである。しかし、その後の展開は違った。

孔明は、リーダーの孟獲を捕えると、わざと自由にさせてやった。すると、孟獲は、孔明の寛大な心を裏切って逃げだし、またしても反乱軍を組織して逆襲してくる。だが、また負けて捕えられてしまう。ところが、孔明はまたしても、それを許す。孟獲はまたも逃げ出して反乱軍を率いて攻める。これを、七回も繰り返した。

さすがに最後には、孟獲のほうがまいってしまった。何度裏切っても許してくれる孔明に対し尊敬の念を抱き、もう二度と反抗しないと誓う。孔明は孟獲に南方をまかせることにし、一種の自治権を与えた。

これによって、異民族たちの反乱は鎮圧され、蜀の南部は安定。孔明は安心して北方の魏に侵攻できることになったのである。

美人《びじん》の計――ありふれているが、効果はあるか？

男を篭絡《ろうらく》させるには、女を使うのがいちばん。あまりにも単純な計略である。計略といえるのかどうかと、思うほど、誰にでも思いつく手だ。

今も、企業が得意先を接待するときに、きれいな女性のいる店に連れていくのは、この延長にある。

これにひっかかりそうになったのが、何と、劉備《りゅうび》である。そこらの会社のサラリーマンならともかく、皇帝がひっかかってしまっていいのだろうか。

孫権《そんけん》との同盟関係を結んだ劉備は、さらにそれを強化するため、孫権の妹と結婚することになった。劉備はそのとき五十歳をこえ、孫権の妹はまだ一七歳。まさに父子ほども年が離れていた。

結婚式は孫権の呉《ご》でおこないたいというので、劉備は趙雲《ちょううん》とわずかの兵とともに呉に向かい、初対面の孫権と親交を深めることになった。孫権の参謀の周瑜《しゅうゆ》は、劉備を帰国させまいとして、毎晩、美人をはべらせての宴会を開き、さらには劉備に贅沢三昧の暮らしをさせる。

貧乏に育ち、成人してからも戦いに明け暮れていた劉備は、贅沢と女たちがすっかり気に入ってしまい、なかなか帰ろうとしない。美人の計に、まんまとひっかかってしまったのだ。趙雲は、これを苦々しく思って見ていた。

孔明は、こうなることを予測していた。

出発する際、趙雲に「困ったときはこの袋の中にある文書を読め、秘策が書いてある」

と言って、錦の袋を渡していたのだ。趙雲は「今こそ、これを開くときだ」と思い、開けてみた。すると、「劉備が帰ろうとしない場合は、曹操《そうそう》が攻めてきたと伝えるように」とあった。

趙雲がその通りにすると、劉備は帰国を決意したのである。

一国の主も女と贅沢には弱いという、あまりにも単純な例である。

第五章

なぜか気になる！
10のソボクな大疑問

「三国志」の物語は、いまの日本とは、時代も国も違うので、ちょっと理解しにくいのも事実。素朴な疑問を解決してみよう。

中国の皇帝は本当にみんなだらしなかった？

「三国志」時代の王朝は、後漢。その皇帝たちは、みなだらしない。子どもだったせいもあるのだが、宦官やときの権力者たちの言いなりである。

魏《ぎ》、蜀《しょく》、呉《ご》の皇帝たちも、初代はいいが、二代目以後は、だらしない人が多い。とくに、劉備《りゅうび》の子の劉禅《りゅうぜん》は、どうしようもない皇帝で、結局、諸葛孔明《しょかつこうめい》が死んでしまうと、ひとたまりもなく、魏《ぎ》に降伏してしまった。孫権《そんけん》の息子の孫亮《そんりょう》は聡明だったとは伝えられるが、即位したのが十歳だったので、将軍に政権を牛耳られてしまった。曹操《そうそう》の子の曹丕《そうひ》はまともなほうだが、それでも偉大な父と比べてしまうと見劣りがする。

ようするに、企業と一緒で、創業者は立派だが、子や孫はダメ、という構図が、中国の皇帝にもあてはまる。二代目は生まれたときからお坊ちゃまとして育てられるせいか、自分で物事が判断できないし、だいたい、戦うことを知らずに成長するので、ひ弱になる。

それが四代、五代と続くと、ますますひ弱になっていくわけで、後漢末期の皇帝は、みな、名目だけの皇帝となってしまったわけだ。

そもそも宦官の制度ができたのはなぜ?

中国独特の制度が宦官《かんがん》。つい最近の清《しん》の時代まであったもので、去勢《きょせい》した男のことをいう。

この制度は、古代にはギリシャやローマ、あるいはイスラム世界にもあったという。後宮《こうきゅう》という皇帝の私生活の場、つまり、日本の江戸時代でいう大奥は、男子禁制である。皇帝以外の男は入れないのが原則。なぜかというと、後宮にいる女性は、后《きさき》はもちろん、その侍女たちも、すべて皇帝の愛人なのだ。したがって、後宮の女性が妊娠した場合、生まれてくる子は、自動的に、すべて皇帝の子となる。ところが、そう原則どおりにいかないのが、男と女の関係である。男性の出入りが自由だと、皇帝以外の男性の子どもを妊娠する可能性もある。だが、昔はDNA鑑定はもちろん血液型による判定もできなかったから、皇帝の子かどうか分からない子が生まれては困ったのだ。なにしろ、次の皇帝になる可能性があるわけだからだ。そこで、皇帝の血筋を守るためには、後宮で皇帝以外の男性の子が生まれないようにするしかなかった。となると、皇帝以外の男は入れないようにするのが、最も確実な方法である。

とはいえ、後宮にも、男手は必要である。そこで、去勢することを条件にして、雇われたのが宦官なのだ。貧しい家庭に育ったものにとって、宦官になることは出世の道でもあった。失うものは、生殖器のみ。そのかわりに生涯にわたり、安定した暮らしが保証されたのだ。だが、男としての楽しみと欲望を失った宦官たちは、男であって男ではないことから、性格が歪んでしまい、権力欲や金銭欲ばかりが強くなった。

一方、生まれたときから宦官がまわりにいる皇帝の子どもたちは、やがて宦官なしでは何もできない人間になってしまう。成人して帝位に就いても、宦官の言いなりになってしまったのだ。それをいいことに、宦官は皇帝を操るようになっていった。

王朝が滅びるきっかけとなる無能な皇帝は、実は皇帝の血筋を守るための宦官制度が生んだともいえるのだ。

朝廷の官僚組織はどうなっていたのか？

「三公九卿《さんこうきゅうけい》」とは、後漢の中央政府の高級官僚の役職である。いまの日本の内閣の主要閣僚にあたる。

三公とは、司空《しくう》、司徒《しと》、大尉《たいい》の三つで、それぞれ、土木、内政一般、軍事を担当していた。

曹操《そうそう》は皇帝を奉じて朝廷の実権を握ると、これら三公の上に、丞相《じょうしょう》というポストを作り、そこに就任した。総理大臣みたいなものである。さらにその上に、大傅《たいふ》というポストも作られることがあり、司馬懿《しばい》が就いたことがある。これは名誉職で、位は上だが実権はないに等しいものだった。

三公の下にあるのが、九卿《きゅうけい》で、いまの日本でいえば、大臣にあたる。皇帝の祭礼担当の太常《たいじょう》、朝廷の警護や宴席を担当する光禄勲《こうろくくん》、皇宮警護担当の衛尉《えいい》、皇帝の車馬を管理

■三国時代の官僚制度

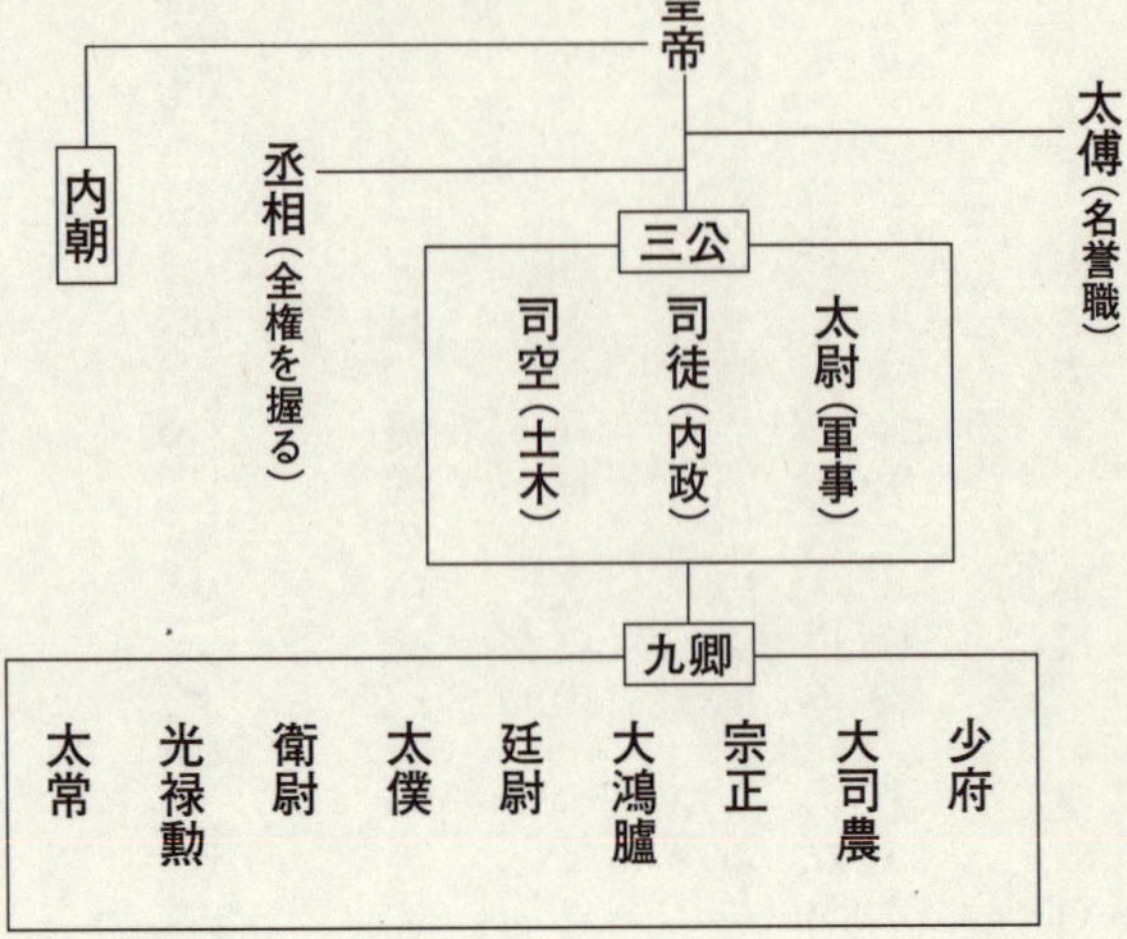

する太僕《たいぼく》、司法担当の廷尉《ていい》、外交担当の大《だい》鴻臚《こうろ》、帝室の事務担当の宗正《そうせい》、国家財務と農政担当の大司農《だいしのう》、帝室財政担当の少府《しょうふ》、となる。

だが、この九卿たちは名目だけの権力者で、実務は下の官僚たちがおこなっていたので、実権もいつしか下位の官僚が握るようになっていた。このあたり、いまの日本の大臣と官僚の関係と似ている。

この三公九卿とは別に、もともとは少府のもとにあった、文書担当の中書《ちゅうしょ》、皇帝の下門《かもん》に答え外出に同行する待中《じちゅう》、政務担当の尚書《しょうしょ》の三ポストがあった。これらは、皇帝のすぐ近くにいるため、皇帝側近として実権を握るようになり、内朝《ないちょう》と呼ばれた。

たくさんいる将軍達で誰がいちばん偉いのか?

「三国志」は戦争のドラマ。登場人物の多くが軍人だ。そのなかでも、軍隊を指揮する偉い軍人が将軍なのだが、○○将軍という人がやたらに登場する。はたして、誰がいちばん偉いのか。

この疑問への答えは簡単だ。いちばん偉い将軍は大将軍である。これは一人しかいない。いつもいるわけではなく、本当に偉い将軍がいるときにのみ、任命された。

いつもいる将軍としては三人。官僚のトップの三公に匹敵する偉さである。驃騎《ひょうき》将軍、車騎《しゃき》将軍、衛《えい》将軍という。彼らは軍隊を指揮するだけでなく、政治にも関与していた。

その下に、四つの方面を担当する将軍がいた。征東将軍、征西将軍、征南将軍、征北将軍で、四つまとめて四征将軍という。漢王朝が全土を支配していたとはいえ、「三国志」の前の時代から、各地で反乱があった。そうした反乱を鎮圧するために戦うときの将軍で、それぞれの方角を担当する。ここまでが、常設将軍であった。いまふうにいえ

■三国時代の将軍

大将軍
驃騎将軍　車騎将軍　衛将軍
四征（征東、征西、征南、征北）将軍 四鎮将軍 四安将軍　四平将軍
雑号将軍

ば、〇〇方面軍司令官とでもなろう。それぞれ独立軍を保有していた。

四征将軍の下に置かれることがあるのが、四鎮将軍。同じように鎮東、鎮西、鎮南、鎮北の四つ。たとえば、西に征西将軍と鎮西将軍の二人がいた場合は、征西将軍が外に出て戦う外征軍を指揮し、鎮西将軍は防衛を担当する。彼らが、方面軍司令官になることもあった。四鎮将軍の下に、補佐役として置かれるのが、四安将軍と四平将軍。同じように安東、安西、安南、安北、そして、平東、平西、平南、平北といた。

以上の方面軍担当の将軍に対し、中央にいる軍を担当するのが、前将軍、後将軍、左将軍、右将軍である。これを四方将軍といい、家柄よりも実力で選ばれることが多かった。

それ以外に、必要に応じて任命される将軍がいて、これを雑号《ざつごう》将軍という。彼らは直属の軍隊の指揮権しかなかった。

帝国と州、郡、県はどういう関係にあった?

日本にはないので実感がないのが、州。現代社会においても、アメリカやドイツなどは州制度を取り入れており、それぞれの州はかなり独立している。日本の県よりもはるかに独自色は強く、その上に、連邦政府というものがある。

中国も広大な土地があり、さまざまな民族が住んでいるので、統一王朝が支配するようになっても、州単位に行政が分けられていた。「三国志」の時代は、一三の州があった(途中から一四になる)。一三州のうちの一〇州を曹操《そうそう》が支配しており、後に魏《ぎ》帝国とし、孫権《そんけん》は揚州《ようしゅう》と交州《こうしゅう》の二つで呉《ご》帝国を建国、そして劉備《りゅうび》は益州《えきしゅう》の一部を蜀《しょく》帝国とした。この三つと接する中央に位置するのが荊州《けいしゅう》で、北が魏に、東が呉に、そして西が蜀となった。

その州がさらにいくつかの郡に分かれ、それがさらに県に分かれる。つまり、いまの日本だと○○県○○郡となるが、中国だと、○○郡○○県となる。

さて、州、郡、県には、それぞれの行政官がいた。

州の全権を握り支配・監督するのが、「牧《ぼく》」である。いまのアメリカの州知事みたいなものだが、もちろん、国民の選挙によって選ばれるのではなく、皇帝が任命した。牧は後漢時代末期になってからの名称で、その以前は、「刺師《しし》」という役職名だった。刺師はもともとは監察官で、牧に比べて地位も低く給料も安い。というのは、最初は行政単位はあくまで郡で、州には、行政府としての仕事はそんなになかったのだ。

郡の行政官が、太守《たいしゅ》である。各郡に一人で、民生、軍事、司法をすべて担当していた。ひとつの州に八つ前後の郡があった。そして、さらにひとつの郡が十数の県に分かれている。その県の行政官は、大きな県が県令《けんれい》、小さな県が県長《けんちょう》という役職名だった。

ここで注意しておきたいのは、県令や県長は、郡の太守の部下というわけではないことだ。皇帝直属なのである。そして、太守もまた州の牧の部下ではなく、皇帝直属だった。ピラミッド型のようでいてそうでないという、複雑な機構になっている。

したがって、太守の仕事には、県令や県長が不正をしていないかを監督することも含まれていた。牧には、太守を監視する役目があったのだ。もとは刺師という監察官だったことでも、それは分かる。

ところが、監督するということは、悪いことをしているのを見逃す見返りに賄賂をもらうことを意味していたのが、当時の中国。上から下まで役人たちは腐敗しまくっていたのである。

「中原《ちゅうげん》の覇者」の中原ってどこのこと?

「三国志」の英雄たちが目指したのは、「中原《ちゅうげん》の覇者《はしゃ》」になることである。

中国全土のなかで、中原とはどこを指すのか。最初は都のある洛陽《らくよう》を中心とした、黄河の中流のあたりのことだった。やがて、その範囲が広がり、黄河の下流、河北《かほく》地方全体を指すようになっていく。

この地域は、土地が農耕に適し、生産力が高かった。さらに水路があったので、それと陸路を合わせて、交通も便利だった。位置的にも中国全体の中心にあり、都を置くのに適した地域だったのである。この地を制すれば、中国全体を支配することができた。したがって、曹操《そうそう》、劉備《りゅうび》、孫権《そんけん》の勝負も、この中原を曹操が制した時点で、すでについていたといえる。劉備と諸葛孔明《しょかつこうめい》は、ある意味、無謀な戦いに挑み続けたわけだ。

「三国志」時代は都があちこちに移動したが、すべて中原と呼ばれる範囲のなかでだった。最初の後漢王朝時代の都は洛陽。董卓が皇帝を連れて、無理矢理に都を遷したのが、長安《ちょうあん》。次に、曹操が都としたのが、許昌《きょしょう》だった。ここが後漢最後の都となる。曹操の死後、皇帝になった曹丕《そうひ》は、かつて都だった洛陽を魏帝国の首都としたが、その前に魏の首都だったのは、鄴《ぎょう》都。これらはいずれも中原にあったのである。

マンガみたいな新兵器がなぜ出てくるの？

漫画で初めて「三国志」と出会った人は、「まるでマンガみたいだな」というおかしな感想を抱くことがある。二千年近く前とは思えない科学兵器が登場するからだ。

たとえば、一〇人乗りの火を噴く戦車。孔明の南征のときに登場した。密林のジャングルでの戦いとなり、敵の異民族は自然を武器としていた。猛獣も彼らの武器のひとつ。そこで、孔明はそれに対抗すべく、戦車に五色の毛糸で縫った、ライオンのぬいぐるみのようなものをかぶせ、突撃させた。その戦車は口から火を噴き、鼻からは黒煙を出し、大きな音をたてて進んだので、猛獣たちはパニックになったという。

しかし、残念ながら、これはフィクションのようだ。いくら中国でも、三世紀にはまだ火薬は発明されていない。

木牛《もくぎゅう》、流馬《りゅうば》についても、実在したかどうかは怪しい。だが、もしかしたら、本当にあったかもしれない。どちらも、輸送のための道具で、木牛はいまでいうリアカーみたいものだと思われる。ただ、車輪が四つある。

流馬は一輪車に荷台がついたようなものらしい。当時としては、画期的な輸送道具で、北伐の際に、補給の問題を解決するために考え出されたもののようだ。

その他のものでは、ビルを壊すときなどに使うハンマークレーンみたいなものがある。巨大な振り子式の槌《つち》のついた戦車で、衝車《しょうしゃ》といった。もちろん、敵の城砦を破壊するのに使う。さらに、いまの消防が使う梯子車みたいな雲梯《うんてい》。これは高い城壁を乗り越えるために使ったと思われる。移動式の櫓は、井欄《せいらん》。三層か四層になっており、そこに兵が乗って、弓矢を放つ。

当時としてはかなりのハイテクといえるだろう。

兵器としては、鉄製の長い矢を同時に一〇本放つことのできる、巨大な弩《ど》も考案したらしい。元戎弩《げんじゅうど》という。

兵士のための防護服もある。鎧の一種だが、袖があり、腕も保護できる。動きにくいように見えるが、そうでもない、というのが売り物だ。

この時代は、まだまだ白兵戦《はくへいせん》で勝負が決まることが多かった。となると、刀が決め手となる。蜀《しょく》は鉄がとれたので、その鉄で鍛えた神刀《しんとう》という鋼刀が使われた。

このように、いろいろなものを実際に発明・考案した実績があったので、それが誇張されて、孔明ならこんなものも作ったのではないかと、マンガチックなものが作られたのであろう。

ちなみに、曹操《そうそう》も負けずに発明している。官渡《かんと》の戦いで登場した発石車である。てこの原理を利用して、巨石を遠くまで飛ばすものだ。

この時代の地図はどの程度正確だったか？

「三国志」時代にカーナビがないのは当然だが、地図はどうだったのか。

後漢時代は、まだちゃんとした地図はない。日本の戦国時代を描いたドラマなどに、山とか川がイラストで示される地図がよく出てくるが、あれよりは、もっと精度が高いものがすでに存在していたらしい。

少なくとも、主要な都市や地点間の距離は、正確に計測され、測地図が存在していたという。

これをさらに精密なものにしたのが、魏《ぎ》にいた裴秀《はいしゅう》という学者だった。彼は、地図作成において多大な功績を残している。

まず、縮尺を定めた。地図上の一尺（約二・四センチ）を実際の一里（約四三四メートル）としたのだ。

さらに、各地の縮尺図を正確につなぎあわせ、全体の位置関係を確定する製図技術を確立した。測定においても、距離、高低の測り方を考案し、角度測定により二地点間の距離を正確に測ったり、曲がった道を距離線に直す測定法も編み出した。

こうして、かなり精度の高い地図が、司馬懿《しばい》の時代にはできていたらしいのだが、残念ながら現存していない。

ケガ人続出の時代、医学はどの程度進んでた？

中国といえば、漢方。多分、昔から医学も発達していたのではないかと思われる。ただ、東洋の医学は呪術やおまじないとの境界があいまいな部分もあるし、誇張して伝わっている可能性もある。

「三国志」の時代、漢方薬は当然、すでにあった。病気はこれで治せたかもしれないが、戦争の時代だから、ケガ人も大量に出たはずだ。外科の技術はどの程度だったのか。

なんと、すでに全身麻酔による手術がおこなわれていたという。内臓の病気で、薬で治らない場合は、腹を切開し、内臓を取り出し洗浄して戻し、縫い合わせ、軟膏をすりこんでおく、という記述が「三国志」の「正史」にある。いまとほとんど変わらない。本当に二千年近い昔にこんなことがおこなわれていたのだろうか。

こんな手術ができるほどだから、ケガの治療も発達していたように思われるが、その一方で、当時は命の価値が軽い。野戦病院のようなものがあった記述はないし、医師団がついていたとも思えない。曹操《そうそう》や劉備《りゅうび》などには主治医はいただろうが、一般の兵士たちの面倒をみたかというと、どうもそうではないらしい。

この時代の名医として知られるのが、華佗《かた》。前述の開腹手術をしたのも彼だ。曹操に仕えていたが、治療をめぐってのトラブルが起き、死罪となってしまった。

三国時代の中国から日本はどう見えていた?

「三国志」こそが、日本が文書として残る「歴史」に初登場した記念すべき書物である。登場するのは「正史」の「魏志《ぎし》」。その最後のほうに「倭人伝《わじんでん》」という一節があり、そこに倭の国として邪馬台国《やまたいこく》と卑弥呼《ひみこ》が登場するのだ。時間的には、曹操《そうそう》や劉備《りゅうび》の時代ではなく、もっと後。諸葛孔明《しょかつこうめい》が死んだ、さらに後の話である。つまり、曹操も劉備も孔明も、日本のことは知らずに死んだようだ。

時代は、魏《ぎ》が蜀《しょく》との戦いに勝利した後である。やれやれと思ったところに、今度は北東の遼東《りょうとう》で、公孫淵《こうそんえん》が独立を宣言し、燕《えん》という第四の帝国ができてしまった。そこで、司馬懿《しばい》はそれを討伐に出かけた。この闘いは勝利に終わり、燕はあっという間に消えてしまった。これによって、魏は朝鮮半島も、ほぼ勢力下に置くことになった。

海の向こうに大国があることを知っていた邪馬台国は、攻められたら困ると思い、魏に対し、反抗する意思がないことを知らせる必要に迫られた。こうして、卑弥呼の使節が、洛陽《らくよう》に向かったのである。西暦238年のことだ。

当時の中国人にとって、はっきりいって、日本はどうでもいい存在だったのだが、その国から使者がきたことをわざわざ記したのは、このように遠くの見知らぬ国にまで、魏帝国の威光はとどろいていた、ということをアピールしたかったからのようだ。だから、邪馬台国についての情報も、かなりいいかげんというか、あやふや。

そのおかげで、千七百年たったいまになっても、邪馬台国はどこにあったかという論争が活発になっているのである。

第六章

「三国志」の故事・格言10の大疑問

「三国志」を読んでいると、「この言葉、どこかで聞いたな」と思うフレーズが出てくる。千数百年にわたり読まれているだけに、中国はもちろん、我々日本民族の間にも、「三国志」から生まれた言葉が、日常語となっているケースが少なくないのだ。そのなかでも代表的な言葉を紹介する。

白眉《はくび》——なぜ誉め言葉になるのか？

「三国志」は数ある歴史物語のなかでも、白眉《はくび》だ——このように、同類のなかでもっとも優れているものを表現するのに、「白眉」という言葉がある。

この言葉そのものも、「三国志」から生まれたものだ。

もとの意味は、字のとおり、「白い眉」。これが、なぜ誉め言葉になるのかというと、蜀《しょく》で劉備《りゅうび》の侍中《じちゅう》（いまでいう秘書官）をしていた馬良《ばりょう》という男がとても優秀で、彼の眉が白かったからだ。彼は五人兄弟のいちばん上でもあった。五人はみな優秀なことでも有名だった。しかし、「そのなかでも、あえて誰がいちばんかというと、眉の白い馬良だ」ということで、「白眉」という言葉は、同類のなかでもっとも優れたもの、という意味になったのである。

この馬良は主に蜀の民政面での貢献が大きかったが、夷陵《いりょう》の戦いで戦死してしまった。

泣いて馬謖《ばしょく》を斬る――愛弟子の命よりも優先するものは何？

馬謖《ばしょく》は、「白眉」の馬良の弟にあたる。馬五兄弟はみな頭もよければ、武力も優れていた。馬謖もその頭脳明晰ぶりが幼い頃から知られ、諸葛孔明《しょかつこうめい》に可愛がられていた。諸葛孔明は軍略を授け、自分の後継者にしようとまで考えたともいわれる。

ところが、彼には唯一の欠点として、自信過剰なところがあった。それが結局、彼の命を奪うことになった。

諸葛孔明の第一次北伐の際のことである。馬謖は先鋒《せんぽう》の大将に抜擢され、街道の守備をまかされた。諸葛孔明の命令は、そこにじっとしていることだったのだが、馬謖は先走って丘の上に陣取り、攻撃を仕掛けてしまう。ところが、逆襲にあい、従えていた五千の部下のほとんどを失ってしまうばかりか、諸葛孔明の描いた戦略が瓦解《がかい》してしまい、全体の敗戦につながってしまう。

軍において、命令に違反するのは死罪に値した。まして、それが敗戦の原因となったのであるから、普通なら、当然、打ち首である。だが、馬謖は諸葛孔明が弟のように可愛がり、また将来を期待していた部下だった。はたして孔明は馬謖を死刑にできるのか。皆が孔明の下す処置に注目した。

たしかに、孔明は悩んだ。だが、軍律は何よりも優先しなければならない。そうしなければ、他の者へのしめしがつかない。孔明は泣く思いで馬謖を死刑に処した。

このことから、愛するもの、信頼していた部下を、やむなく、処罰することを、「泣いて馬謖を斬る」というようになった。

処罰ではないが、企業のリストラが進むなかで、「泣いて馬謖を斬る」ような思いで、可愛がっていた部下に整理解雇を通告した人事担当者も多いことだろう。

会社をクビになるのと違い、馬謖の場合、本当に首を斬られたわけで、「三国志」の世界はいまとは比べものにならないくらい、厳しい。

白眼視《はくがんし》――どうして冷淡に見ることの意味になった？

「白眼視《はくがんし》する」といえば漢文調だが、日常会話でも、「白い目で見る」と、よく使われる。「冷たい目で見る」、つまり冷淡だったり、軽蔑していることをいう。どちらにしろ、あまり白い目で見られたくはないものだ。

これも「三国志」の登場人物が、実際に白い目で見た故事に由来する。

白い目で見たのは、竹林《ちくりん》の七賢《しちけん》のひとり、阮籍《げんせき》。竹林の七賢とは、七人の、いまでいう評論家のこと。彼らは、現実から離れ、理論ばかりを論じることで、現実政治への批判をしていた。

曹操《そうそう》が死んだ後、司馬一族がクーデターで魏《ぎ》の政権を握ると、阮籍はそれに反発した。彼には白眼をむく特技があり、話をしている相手が司馬一族の味方をして何か言うと、白眼をむいて、そのまま応対した。

このことから、白眼視することは、相手に対して冷淡であり軽蔑しているという意味になった。それが転じて、別に白眼をむかなくても、冷淡なことを「白眼視」というようになったのである。

破《は》竹《ちく》の勢い——どんな勢いのことをいう？

企業が急成長を遂げたり、あるいはプロ野球やJリーグであるチームが独走し、その勢いが止まらないときなどに、「破《は》竹《ちく》の勢い」という。

詳しい意味は分からなくても、竹を破るのだから、何となく勢いがありそうなことは、感じられる。しかし、これもまた「三国志」に関係する言葉なのだ。

「三国志」時代も末期、魏《ぎ》が滅び晋《しん》が建国され、いよいよ統一国家への道を進もうとしていたころの話だ。西暦279年、晋は呉《ご》に侵攻しようとしていた。その晋の大将軍、杜《と》預《よ》が、攻撃を開始するときに発したのが、「あとは竹を割るようなものだ」という言葉。

竹は固いが、一節《ひとふし》割れば、あとは簡単に一直線に割ることができる。そのことから、物事の勢いがすさまじいことを、破竹の勢いと、昔から言っていたようだ。それを、まさに証明したのが、杜預が率いる晋軍だったのだ。

登竜門《とうりゅうもん》――いったいどこにあった門なのか？

ある専門の道に進む際の試験など、そこを通過すれば将来が約束されるものを登竜門《とうりゅうもん》という。たとえば、芥川賞は作家への登竜門だし、東大法学部は官僚への登竜門だろう。

しかし、登竜門という門が実際にあったわけではない。黄河上流に、狭い渓谷から大河になる急流があった。魚がこの急流を逆に上っていけば、竜になれるという言い伝えがあるほどの急流で、そのことから、竜門と呼ばれていた。それを上っていくことが、登竜門なのだ。

これがどう「三国志」と関係があるかというと、李膺《りよう》という後漢の官僚だった人物に認められることが、竜門を登ることにたとえられたからだ。

後漢末期、宮廷は腐敗し、多くの官僚も堕落し私腹を肥やすことに夢中になっていた。

そのなかにあって、賄賂を受け取らず個人的蓄財をしない、清廉潔白な官僚たちも、わずかだがいて、彼らは「清流派《せいりゅうは》」と呼ばれた。李膺は、その清流派の代表格で、いまの日本での警視総監のような役職である司隷校尉《しれいこうい》に就いていた。だが、宦官たちの陰謀で失脚し、その後、処刑されてしまう。

この李膺の知遇を得るのは困難だったので、それがかなった人は、竜門を登るような思いだ、といったのである。

累卵《るいらん》の危うき——どれほど危険な状態か？

台所でもっとも気をつけなければならない食材は、生卵である。ちょっと目をはなした隙にころがって、割れてしまった経験は誰にもあるだろう。もし、卵を山のように積み重ねたら、どうなるか。ちょっと息を吹きかけただけでも崩れ、それと同時に、すべて割れてしまうだろう。

累卵《るいらん》とは、脆くて危険な状態のたとえである。

「三国志」よりも前の時代からあった言葉のようで、司馬遷《しばせん》の『史記《しき》』にも登場するという。「三国志」でこれを使ったのは陳珪《ちんけい》という人物。

袁術《えんじゅつ》と呂布《りょふ》は、反曹操《そうそう》との点で利害が一致し、お互いの子ども同士を結婚させるという話が進んでいた。これが実現すれば、同盟はより強固なものとなるので、曹操にとっては、何としても阻止したかった。そこで、陳珪に依頼し、呂布に思いとどまるよう説得してもらった。

陳珪は説得した。「曹操は帝を奉じており、公式に国政を担っている。それに逆らうことは、逆賊になることを意味する。そうなれば、あなたがこれまでに築いてきた名声や権力は、すべて『累卵の危うき』のような状態になってしまう」。呂布は、なるほどと思い、袁術との間の政略結婚をやめたのである。

髀肉《ひにく》の嘆《たん》——何をそんなに嘆いているの？

髀肉《ひにく》とは、太もものことだ。そこに肉がついたことを嘆いている。ようするに、太ってしまったのだ。

嘆いたのは、「三国志」の主人公、劉備玄徳《りゅうびげんとく》。曹操《そうそう》との戦いに敗れ、劉表のもとに落ち着いていた頃の話である。荊州《けいしゅう》の劉表の客将となり、北方の守りをまかされたのはいいが、北から攻めてくるはずの曹操は、袁紹《えんしょう》との戦いで忙しく、南下してくる気配はなく、よくいえば平和な日々、悪くいえば退屈な日々が続いていた。そのため、かつては引き締まっていた身体にも、だいぶ肉がついてしまった。

荊州にくるまでは休む間もない、闘いに明け暮れた日々を送っていた劉備は、そんな日々が懐かしく思えるとともに、このまま何もしないで老いていくのかと思うと、悲しくなったのである。

そんなある日、劉表に宴に招かれた。宴会の途中、厠《かわや》（トイレ）に立った劉備が戻ってくると、涙のあとがある。「どうしたのか」と劉表が尋ねると、「厠でふと、自分の太ももを見ると、すっかり肉がついていました。このまま一花咲かせることもなく、歳をとっていくのかと思うと涙が出ました」と答えたのである。

これが「髀肉の嘆」である。ダイエットしなければと思う、いまの中年サラリーマンにとっても、身の詰まされる言葉である。

三顧《さんこ》の礼——元祖ヘッドハンターの由来とは？

「三顧《さんこ》の礼」といえば、劉備玄徳《りゅうびげんとく》が諸葛孔明《しょかつこうめい》を参謀として招きたいがために、三回も訪れたことで知られる故事。

このことから、今でも、総理大臣が諮問機関のトップに著名な経営者や学者などに就任してもらいたいときに自ら説得に行く場合や、ライバル企業のトップセールスマンをヘッドハンターするために、社長自らが交渉するようなときに使われる。この場合は劉備のように、三回も訪れる必要はない。

時々、なかなか承諾してくれない相手と三回会って交渉して、ようやく納得してくれた、という意味で使われるが、これは「三顧の礼」ではない。

「三顧の礼」とは、回数が問題なのではなく、あくまで、身分が上の者が、下の者のところに「出向く」ことをいう。「話があるからちょっときてくれ」と呼び付けて、自分に協力してくれ、と頼んだのでは「三顧の礼」とはいわないのだ。

どんな人間集団でもそうだろうが、もとからいる者たちにとって、あとから参加してくる者の存在は、たとえその人物がどんなに優秀であっても、あまり愉快ではない。これは、こんにちのサラリーマン社会でも同じだろう。中途採用の人は、有能でも外様扱いされ、なかなか前からいる社員と打ち解けない。それぱかりか、その新任の上司の指示に従わない部下も多いだろう。有能な新参者に権威を与えるためには、トップがどれほどその人物を大事に思っているかを、部下たちに知らしめる必要がある。そのためにも、有能な人を招聘する場合、三顧の礼を尽くして迎え入れる必要があるのだ。

しかし、めでたく話がまとまった後、雇われた者が「社長が頭を下げたから入ってやったんだ」という気持ちで威張っていると、長続きはしないであろう。

水魚《すいぎょ》の交わり――誰と誰とのどういう関係？

これは、諸葛孔明《しょかつこうめい》との関係を問われた際に、劉備《りゅうび》が言った言葉。

劉備があまりにも孔明とばかり一緒にいて、孔明の言うことばかり聞くので、義兄弟の契りを結んだ関羽《かんう》と張飛《ちょうひ》としては、おもしろくない。そこで、「俺たちのことを忘れては困る」と劉備に文句を言ったところ、返ってきたのが、この言葉だった。

ようやく優れた軍師と出会えた劉備にとって、孔明はなくてはならぬ存在だった。「私にとって孔明は、魚と水のように、切っても切れない関係だ」という意味だ。

ここまで言われてしまえば、関羽と張飛としても諦め、孔明との仲を認めるしかなかったのである。ここで、劉備が関羽や張飛にもいい顔をして、「お前らのほうが大事に決まっているじゃないか」などとつくろうとしたら、その場はおさまっても、結局は不満が残り、四人の関係はぎくしゃくしたであろう。

本当に信頼できる相手と見込んだ場合は、まわりが何と言おうと、重用すべきである、という教訓にもなる。一人の部下をひいきするなら、徹底的にしたほうがいいわけだ。

危急存亡《ききゅうそんぼう》の秋《とき》——なぜ、「秋」と書いて「とき」と読む？

孔明《こうめい》が魏《ぎ》への北伐に出かける際に、皇帝・劉禅《りゅうぜん》にあてて書いた「出師《すいし》の表《ひょう》」に出てくる言葉で、「今、天下は三分し、益州《えきしゅう》疲弊せり。これ危急存亡《ききゅうそんぼう》の秋《とき》」とある。
劉備の子でありながら、二代目の哀しさか、ちやほやされて育ったせいか、もともと頭がよくなかったのか、状況認識があまりできない劉禅に対し、孔明は、いまは国家の一大事、このままでは国が滅びてしまう、だから、私は魏を倒しに行く、と告げたのである。

「秋」という字は、「とき」と読む場合があり、「重大な時」という意味になる。ただの「危急存亡の時」ではなく、「秋」とすることで、より危機感を募らせていたわけだ。

だが、その孔明の思いを、劉禅がはたして理解したかどうか。

「秋」という字のそういう意味を知らない人に向かって、「とき」という意味で使うと、「いまは夏だよ」などと、訂正されてしまうから、相手を見て使いたい。

第七章

100倍楽しむためのブックガイド

本書は、「三国志」をまったく知らない人に、その世界の概略をつかんでもらうことを目的として書かれた。本書をここまで読み、「三国志っておもしろそうだ、読んでみたい」と思っていただければ、うれしい限りだが、その方々のために、数ある「三国志」のなかから、何から読んだらいいかを紹介しておこう。

「三国志」には本書のような入門書、ガイドブックがたくさんある。だが、それらの多くは、初心者向きとうたってあっても、事前の知識がないと分かりにくい。したがって、「三国志」を知るには、「三国志」そのものを読むことから始めるのが、遠いようで、いちばんの近道なのだ。何しろ、ガイドブックなど存在しない昔から、読まれていた物語である。日本語が読めれば、誰でも楽しめるはずだ。

現在、一般の書店で入手でき、なおかつ、文庫になっているものから、代表的「三国志」を選び、紹介する。

30巻の漫画は小説よりも長いか短いか?——横山《よこやま》光輝《みつてる》『三国志』

30代、40代の「三国志」ファンのほとんどは、まずこの横山光輝《よこやまみつてる》版『三国志』で、この大長編を最初に読破したのではないだろうか。

連載開始は1971年で、完結まで十五年かかった。連載開始時に中学生でリアルタイムで読んでいた人は、30歳になったころに完結を迎えたわけである。

いまから読む人は、15年がかりで読む必要はないが、漫画だからすぐに読めると思うのは間違い。新書判の単行本が全60巻、文庫版では全30巻である(どちらも、潮出版社)。漫画なので、どちらで読んでも頁は同じで、約一万二千頁。小説だと、たとえば吉川英治《よしかわえいじ》のだと全8巻なので、「こんな長いのは読めない」と思い込んでしまうが、全30巻の漫画だと、あまり抵抗がないから不思議だ。しかし、漫画といえども、文字を読むことに変わりないので、結果的には、全8巻の小説を読むのと同じくらいの時間を必要とする。1日1巻ずつ読んでも一ヵ月かかる大長編漫画である。

黄巾《こうきん》の乱の最中の、劉備《りゅうび》と関羽《かんう》、張飛《ちょうひ》の出会いから始まり、孔明の死を経て蜀《しょく》が滅亡するまでが描かれる。実は、この横山版『三国志』は、オリジナルの羅漢中《らかんちゅう》の『三国志演義』そのままではなく、吉川英治版『三国志』にあるエピソードもかなりまじえてある。

関羽と張飛の顔が似ていて見分けがつかないなどの欠点はあるものの、文字だけではイメージしにくい三世紀の中国の様子を絵にしてくれているので、分かりやすさの点では、圧倒的である。

漫画世代にとっては、小説版よりも、まず、この横山版『三国志』で、この雄大な世界に入るのが、もっともてっとり早いといえる。

横山光輝は、手塚治虫よりも一世代下で、この世代は、石ノ森章太郎やさいとうたかをなど、大漫画家ほど、作品の分野が幅広い。

『鉄人28号』『魔法使いサリー』『伊賀の影丸』などで人気を博した後、『水滸伝』から中国ものを描き始めた。『水滸伝』の次がこの『三国志』で、以後は中国史ものが中心となり、2004年に火事で亡くなった。その全作品のなかでも最大の長さと最大の読者数を誇るのが、この『三国志』であろう。

最近はコンビニ専用の版も刊行中である。

入手しやすさと価格の点では、文庫版がお奨めだが、少し大きい新書判のほうが絵の迫力の点では勝る。

もっとも多く読まれた人気の秘密は？——吉川英治《よしかわえいじ》『三国志』

もっとも多く読まれた小説版『三国志』は、吉川英治《よしかわえいじ》のものだ。戦前の昭和十四年から十八年まで新聞連載され、以後60年以上にわたり、さまざまな形で本になっており、いまでも吉川英治歴史時代文庫（講談社）版全8巻として入手可能である。

羅貫中《らかんちゅう》の『三国志演義』をベースにしているが、中国語からの「翻訳」ではない。吉川英治自身が創作した部分もかなりあり、まさに吉川版「三国志」なのである。したがって、吉川「三国志」を読んでから、オリジナルの『三国志演義』の日本語訳を読むと、あの話がない、と物足りなく感じるかもしれない。

劉備《りゅうび》が黄河のほとりで、膝を抱えて河を眺めているところから、物語は始まる。それから関羽《かんう》と張飛《ちょうひ》と出会い、「桃園の誓い」までが、一気に描かれる。このあたりは、『三国志演義』にはなく、吉川英治のオリジナルである（横山光輝《よこやまみつてる》の漫画版『三国志』の冒頭は、これと同じ)。

以後も随所に創作や、吉川英治なりの解釈が入るが、基本的な物語の流れは、『三国志演義』と同じだ。五丈原《ごじょうげん》での諸葛孔明《しょかつこうめい》の死で実質的な物語は終わり、その後の晋《しん》による再統一までは、後日談として簡単に描かれるだけ。

吉川英治は戦前から昭和30年代まで活躍した大作家。司馬遼太郎の前の「国民的作家」である。作品は、『宮本武蔵』『新・平家物語』など時代小説、歴史小説がほとんどで、吉川作品をすべて読んでいけば、日本史はだいたい分かるといっても過言ではないほど、作品数は多い。

年配の人が「三国志」を語る際には、ほぼ例外なく、吉川「三国志」のことを話していると思っていい。したがって、これを読まずには共通の話題になりにくい。もっとも、前述のように横山「三国志」は吉川「三国志」をベースにしている部分が多いので、そっちを読んでおいても、たいがいの話は通じる。

吉川版『三国志』は、翻訳ではないし、日本最大のベストセラー作家の手によるものなので、文章の読みやすさは、格別である。全8巻という大長編だが、会話が多いし改行も多いので、どんどん読める。

中国人と日本人は、似ているところも多いが、とくに感情の面では違いも多い。吉川「三国志」は日本人による日本人のための「三国志」なので、登場人物の行動も、日本人に理解しやすくアレンジされている。それが人気の秘密でもあるが、原典主義者からは「本当の『三国志』ではない」という声もあることも知っておこう。

ハードボイルド作家の「視点」とは?——北方謙三《きたかたけんぞう》『三国志』

吉川英治《よしかわえいじ》以後も、柴田錬三郎《しばたれんざぶろう》や陳舜臣《ちんしゅんしん》といった歴史小説家が「三国志」に挑戦している。現在も、宮城谷昌光《みやぎたにまさみつ》が「文藝春秋」に「三国志」を連載中で、単行本の刊行も始まったばかりだ。その他、諸葛孔明《しょかつこうめい》を主人公にした小説なども含めれば、かなりの数の「三国志」に題材をとった小説がある。

そのなかで、吉川「三国志」以外で、現在店頭で簡単に入手できる小説版『三国志』として、北方謙三《きたかたけんぞう》による『三国志』を紹介しよう。文庫で全13巻（ハルキ文庫）。吉川英治版と比べて巻数が多いが、1巻あたりの頁が吉川版は500頁前後なのに対し、北方版は320頁前後なので、総頁数はそんなに変わらない。巻数の多さだけで長そうだと敬遠しないでいただきたい。

1996年から2年にわたり、書き下ろしの単行本として2ヵ月ごとに刊行された。ハードボイルド作家として活躍していた北方は、1980年代終わりに書いた日本の南北朝時代を舞台にした作品から、歴史小説も手がけるようになり、さらに中国史も書くようになり、『水滸伝』も書いているところだ。だが、歴史小説であっても、常にハードボイルドの精神が流れている。

この『三国志』でも男のロマン、滅びの美学がテーマのようだ。

吉川「三国志」が「演義」をベースにしていたのとは異なり、あくまで「正史」の「三国志」をベースにし、そこから想像力を働かせて人物像を肉付けしている。そのため、曹操《そうそう》、呂布《りょふ》といった「演義」では悪役として描かれる人物も、カッコよく描かれているので、彼らのファンが多い。刊行中には「呂布を殺さないで」というファンレターまできたという。このエピソードだけでも、従来の「三国志」とはキャラクターの描き方がかなり違うことがお分かりであろう。作者自身、いちばんのヒーローは曹操だといっている。

これまでと違った『三国志』でなければ、新たに書く意味はないわけで、その意味では、画期的な新しい『三国志』といえるだろう。

会話も現代的なので読みやすいし、人物の行動の説明も、現代人が理解できるように書かれている。

黄巾賊《こうきんぞく》の乱の最中の劉備《りゅうび》と張飛《ちょうひ》、関羽の出会いから始まるのは、今までの「三国志」と同じだが、おなじみの「桃園《とうえん》の誓い」は出てこない。ラストは、五丈原《ごじょうげん》での孔明《こうめい》の死でスパッと終わる。

曹操から見た「三国志」の斬新さとは？——原作・李學仁《イハギン》　漫画・王欣太《KING☆GONTA》『蒼天航路』

もっとも新しい「三国志」が、『蒼天航路』（講談社）である。連載中から単行本、文庫版と、何種類も並行して出ている。

１９９４年から連載が始まり、途中で原作者の李學仁《イハギン》が亡くなってしまうが、以後は王欣太《KING☆GONTA》ひとりによって描かれている。

これまでの「三国志」とは異なり、曹操《そうそう》を主人公とした「ネオ・三国志」である。2005年1月現在、単行本が32巻まで出ており、その2巻分を一冊にした文庫版が14巻まで出ている（講談社）。

「三国志演義」とそこから派生した数々の「三国志」では悪役だった曹操を、ヒーローとして描いている点が、まったく新しい。とはいえ、もともとの「正史」の「三国志」は、魏《ぎ》が正しいという立場だったので、本家本元に戻ったともいえる。

当然、劉備《りゅうび》は悪役となるし、孔明《こうめい》も天才軍師というよりも、変人といった感じである。

同じ漫画とはいえ、絵柄も、横山版とはまったく異なり、別世界だ。

物語は、曹操の少年時代から始まる。悪い奴なのだが、カッコいい。まさに、ヒーローである。以後、物語は歴史の流れに沿って進む。だが、これまでの「三国志」に慣れている人だと、かなり違和感を抱くのは事実だ。誰の側に立って描くかで、同じ話がこうも違うものかという新鮮さがある。

一方、この『蒼天航路』で初めて「三国志」を知る人もいるわけだが、これを先に読むと、吉川英治《よしかわえいじ》や横山光輝《よこやまみつてる》版は、闘いに次ぐ闘いではあるけれど、かなりのどかに感じてしまうだろう。

未読の「三国志」ファンは、今からでも遅くはないから、挑戦してみてはどうだろうか。

オリジナルは日本のとどう違う？――羅貫中《らかんちゅう》『三国志演義』

漫画は卒業し、日本人作家による小説も読んだとなれば、いよいよオリジナルに挑戦してみてはどうだろうか。

中国語で書かれた羅貫中《らかんちゅう》作の『三国志演義』の日本語訳としては、現在、文庫で読めるものが二種類ある。岩波文庫『三国志』（小川環樹《おがわたまき》、金田純一郎《かねだじゅんいちろう》訳）全8巻と、ちくま文庫『三国志演義』（井波律子《いなみりつこ》訳）全7巻である。

どんな海外の小説でもそうだが、翻訳が新しいほど読みやすいのが大原則。「三国志」でも例外ではなく、読みやすいのは、新しい訳であるちくま文庫版だ。字も大きい。注が多いのも、ちくま文庫のほうで、段落ごとに入っている。読者にとって親切なわけだが、煩《わずら》わしいと感じる人もいるかもしれない。岩波文庫は、注は巻末にまとまっていて、すらすら読める人にとっては邪魔ではないが、いちいち注を読まないと理解できない初心者にとっては、本文を読みながら、巻末をめくっては、また本文に戻り、としなければならないのが、面倒かもしれない。

どちらも挿絵が入っていて、絵柄としては、岩波文庫のほうが迫力があるというか、不気味な感じがする。これは好みだから、頁をめくって、好きなほうを選べばいいだろう。

原作が同じなのだから、話は同じはずなのだが、もとの中国語の原書もいろいろな種類があるので、細部の異同はあるだろう。

本書冒頭でも記したように、「三国志」は、もとの「正史」以後、さまざまな民間伝承によって伝えられ、それを羅漢中が集大成したものが『三国志演義』だが、これもその後に、さまざまなバージョンが生まれた。著作権など確立されていない時代のものなので、出版する者が勝手に加えたり書き換えたりするのは自由だったのだ。さまざまな人が、よりおもしろい物語にしようと、あれこれと手を加えた可能性がある。

ストーリーのおもしろさや人物の魅力に惹かれて「三国志」を楽しむのは、まだまだ初心者。ファンとは呼べるかもしれないが、マニアとは名乗れない。ファンの次の段階である「マニア」になるためには、さまざまな「三国志」を読み比べ、それぞれの違いを語れなければならない。そのときの原点となるのが、オリジナルの「三国志演義」である。

日本語訳とはいえ、「三国志演義」は吉川英治《よしかわえいじ》や北方謙三《きたかたけんぞう》の小説に比べると、読みにくいことは確か。最初にこれを読もうとすると途中で挫折する可能性が高いので、その意味でも「三国志」初心者には向かないといえる。

最後に待ち受ける「三国志」とは？——陳寿《ちんじゅ》『正史　三国志』

「演義」の日本語訳も読破したら、いよいよ待っているのが、正史「三国志」である。日本語完訳版が、ちくま学芸文庫で全8巻として出ている。翻訳は、今鷹真《いまたかまこと》、井波律子《いなみりつこ》、小南一郎《こなみいちろう》の三人が分担した。

この本家本元、オリジナルの「三国志」は、紀伝体《きでんたい》というスタイルで書かれている。これは、人物ごとにその生涯の出来事を記述していくもので、ようするに、伝記が集ったものだ。曹操《そうそう》伝から始まり、魏《ぎ》の四代の皇帝の伝記がまずあり、主要人物たちの伝記が次々と登場する。

この形式は、その人物について知りたい場合は、とても分かりやすいのだが、われわれは、時間の流れに沿って何年に誰が何をしたと記述するスタイルに慣れているので、分かりにくい部分もある。たとえば、西暦200年に何が起きたかを知りたい場合は、極端にいえば、すべての人物の伝記を読んで、それぞれが200年に何をしていたかを調べなければならない。北方謙三《きたかたけんぞう》が正史に基づいて『三国志』を書いたときは、このタイムテーブルを揃える作業から始めたという。

紀伝体は、伝記の集合なのだが、その伝記にも二種類がある。皇帝の記録のことを本紀（あるいは、ただの「紀」）といい、皇帝以外の人物のものを列伝（あるいは、「伝」）という。これを合わせて、紀伝体なのだ。

「三国志」では、本紀として書かれているのは、魏の曹操以下の皇帝のみで、劉備《りゅうび》や孫《そん》権《けん》は「伝」扱いだ。つまり、本当の皇帝としては、認められていない。

さて、「正史」と呼んでいるが、これは必ずしも「正しい歴史」という意味ではない。「政府公認の歴史書」という意味である。したがって、そのときの王朝にとって都合のいいように書かれていると思っていい。

歴史というものは、実際に起こった事実は曲げられないかもしれないが、書き方によって、印象は変わってしまうものだ。中国は王朝がいくつも変わってきた国で、そのたびに、正史が書かれた。合計して二十四の正史があり、これを「二十四史」ともいう。最初のが、有名な司馬遷《しばせん》の『史記』、二つ目が「漢書」、三つ目が「後漢書」で、「三国志」はその次にあたり、そして「晋書」と続く。

ちなみに、この「三国志」の正史のことも、「三国志」と呼んでいるが、実は、もともとはそんな名前の正史はない。「魏国志」(30巻)、「蜀《しょく》国志」(15巻)、「呉《ご》国志」(20巻)の三つが別々に書かれ、それを後の世に「三国志」とまとめて呼んだのである。

正史「三国志」が書かれたのは、晋の時代。執筆を担当した陳寿《ちんじゅ》は、若い頃は蜀に仕えていたが、蜀が滅亡した後、晋政権のもとで働き、朝廷の著作郎という役職に就いたときに、「三国志」を書くことになった。晋は、魏を司馬一族が乗っ取る形で成立した国家である。そこで、その前段階の三国鼎立時代においては、蜀や呉は真の意味での帝国ではなく、正統な権力は魏にあったとしなければ話がつながらないので、そういう視点に立って書かれている。もとは蜀の人だった陳寿としては、複雑な思いで執筆にあたったことだろう。

「正史・三国志」のもうひとつの特徴は、裴松之《はいしょうし》による注がついていることだ。もっとも、これはオリジナルにはないもので、150年ほど後につけられた。というのも、陳寿の書いたものが、あまりに簡単すぎたので分かりにくく、それを補う必要があったからだ。

150年後なので、まだ当時についての伝承などが残っていた。それらを集め、こういう説もあるなどと書き込んでいったのである。これが、後に「三国志演義」が書かれる際に、役立つことになる。

この「正史・三国志」は、専門書なので、かなり難解だ。これまで読破した「三国志」マニアも、そう多くはいない。これを読んだとなれば、もうマニアの段階も超え、研究者、学者の領域に到達したともいえるだろう。逆にいえば、そこまで奥が深いのが、「三国志」なのである。

だが、ここまで到達したあなたを、さらに待っているものがある。「三国志」を中国語で読むことである。

■参考文献

「三国志演義」羅貫中、井波律子訳（ちくま学芸文庫）／『正史 三国志』陳寿、今鷹真・井波律子・小南一郎訳（ちくま文庫）／「三国志」横山光輝（潮出版社）／「三国志」吉川英治（講談社）／「三国志」北方謙三（角川春樹事務所）／「蒼天航路」原作・李學仁、漫画・王欣太（講談社）／「三国志演義大事典」沈伯俊・譚良嘯編著、立間祥介・岡崎由美・土屋文子訳（潮出版社）／「中国の歴史三」陳舜臣（講談社文庫）／「目からウロコの三国志」桐野作人（PHP研究所）／「「三国志」合戦事典」柘植久慶（PHP文庫）／「三国志 英雄の名言100」川口素生（KKベストセラーズ）／「新版 三国志新聞」三国志新聞編纂委員会編（日本文芸社）／「僕たちの好きな三国志」（別冊宝島セレクション）／「まる読み版三国志」（別冊宝島）／「図解雑学三国志」渡邉義浩（ナツメ社）／「図説三国志がよくわかる事典」守屋洋監修（三笠書房）／「面白いほどよくわかる三国志」阿部幸夫監修、神保龍太著（日本文芸社）／「歴史地図で読み解く三国志」武光誠（青春出版社）／「改訂新版大三国志」（世界文化社）／「早わかり三国志」原遙平（日本実業出版社）／ほか

編者紹介

おもしろ中国史学会
「中国史」の楽しみを知りつくしたメンバーのみによって構成されている研究グループ。

中国各地を歩き、文献をひも解き…といった作業を通じて、「中国史」に関する様々な謎と秘密を掘り起こすことを無上の喜びとしている。

今回彼らが取り上げたのは、「三国志」。史上名高い激動の時代にスポットをあて、その魅力をあますところなく語り尽くした。

一冊で「三国志」通になれる即効レッスン！

いまさら聞《き》けない三国志《さんごくし》の大疑問《だいぎもん》

2005年3月10日　第1刷
2014年9月30日　第9刷

編　者　おもしろ中国史学会《ちゅうごくしがっかい》

発行者　小澤源太郎

責任編集　株式会社プライム涌光
電話　編集部　03(3203)2850

発行所　株式会社青春出版社
東京都新宿区若松町12番1号〒162-0056
振替番号　00190-7-98602
電話　営業部　03(3207)1916

印刷・図書印刷株式会社　製本・ナショナル製本

万一、落丁、乱丁がありました節は、お取りかえします
ISBN4-413-00769-7 C0022

日本史の舞台裏　歴史の謎研究会［編］

お客に言えないウラ事情　知的生活追跡班［編］

お客に言えない「お店」のカラクリ　知的生活追跡班［編］

脳内ストレッチ200！
IQ頭脳にチャレンジ！　IQ選定・開発研究会

いまさら聞けない三国志の大疑問　おもしろ中国史学会

世界で一番おもしろい地図帳　おもしろ地理学会［編］

「他人の心理」が面白いほどわかる！　おもしろ心理学会［編］

「理系の話」が面白いほどわかる！　話題の達人倶楽部［編］

お客に言えない食べ物の裏話　㊙情報取材班［編］

世界で一番気になる地図帳　おもしろ地理学会［編］

世界史の舞台裏　歴史の謎研究会［編］

大人の「国語力」が面白いほど身につく！　話題の達人倶楽部［編］

暗黒の日本史　歴史の謎研究会［編］

世界で一番ふしぎな地図帳　おもしろ地理学会［編］

戦国時代の舞台裏　歴史の謎研究会［編］

この一冊で日本史と世界史が
面白いほどわかる！　歴史の謎研究会［編］

これだけは知っておきたい！
大人の「国語力」　話題の達人倶楽部［編］

大人の「品格」が身につく本　知的生活追跡班［編］

すぐに試したくなる実戦心理学！　おもしろ心理学会［編］

教養が身につく！　大人の「雑学力」　知的生活追跡班［編］